Stefanie Ramm

Allein in Amerika

AF178750

Stefanie Ramm

Allein
in
Amerika

Digitale Briefe eines Au Pairs

Impressum:

© 2021 Stefanie Ramm
Umschlaggestaltung, Illustration: Stefanie Ramm
Bilder: Stefanie Ramm, privat
Verlag & Druck: tredition GmbH, Halenreie 40-44, 22359 Hamburg

ISBN: 978-3-347-34398-6 (Paperback)
        978-3-347-34399-3 (Hardcover)
        978-3-347-34400-6 (e-Book)

Bibliografische Information der Deutschen Nationalbibliothek: Die Deutsche Nationalbibliothek verzeichnet diese Publikation in der Deutschen Nationalbibliografie; detaillierte bibliografische Daten sind im Internet über http://dnb.d-nb.de abrufbar.

Für Dich.

Inhaltsverzeichnis

Danksagung

Danke an meine Eltern, die mich zu der Person gemacht haben, die ich zumindest bis zum Beginn meines Abenteuers war. Danke für jede gedruckte Seite meines Abenteuers, die die Rekonstruktion überhaupt ermöglicht hat und die zeigt, dass ihr jeden meiner Schritte mit mir zusammen geht – auch wenn ihr nicht immer direkt neben mir steht. Und danke, dass ihr mich trotz enormer Bedenken meinen eigenen Weg habt einschlagen lassen. Aus Mama-Sicht kann ich mir nur zu gut vorstellen, wie schwer das in manchen Momenten war und immer noch ist.

Danke auch an meine Gastmama, die immer wieder an meinen Grenzen gerüttelt hat und das auch weiterhin intensiv tut, wenn es mal wieder an der Zeit ist und die mir gezeigt hat, dass ich über mich selbst hinauswachsen kann.

Danke an alle Menschen, die mich auf meinem bisherigen Lebensweg in jedweder Hinsicht inspiriert und zu der Person gemacht haben, die ich heute sein darf. Jedem einzelnen bin ich sehr dankbar und ich hoffe, ihr könnt zumindest erahnen, welchen Teil ihr dazu beigetragen habt.

Mein Dank geht natürlich auch an meinen Mann und meinen Sohn für die ungestörten Stunden, in denen ich hieran schreiben konnte, ohne ein schlechtes Gewissen zu haben.

Und zu guter Letzt: Danke an meine Tochter, durch die ich die Muse gefunden habe, dieses lange vergessene Herzensprojekt aus der Schublade zu holen und endlich abzuschließen.

Vorwort

Lieber Leser,

vorab – es handelt sich um die Geschichte und Eindrücke einer 19-Jährigen über ihre Au Pair Zeit. Ich hatte unsagbar viel Glück mit meiner Gastfamilie, mit der ich bis heute eng verbunden bin und die wahrscheinlich für immer ein wichtiger Teil meines Lebens sein wird.

Das Buch ist die Sammlung meiner wöchentlichen Update-E-Mails, die ich während meines Au Pair Jahres in regelmäßigen Abständen an meine Familie und Freunde Zuhause in Deutschland geschrieben habe. Sie sind das festgehaltene Zeugnis (m)einer abenteuerlichen Reise, die als frischgebackene Abiturientin begann und über viele, viele Kilometer hinweg eine neue Welt erschloss und meinen Horizont für immer verschob.

Die Namen der Personen in diesem Buch wurden verändert, ausgenommen derer, die explizit ihrer Nennung zugestimmt haben. Ich würde mich freuen, wenn wir uns nach über 15 Jahren auf die eine oder andere Weise wiedertreffen. Fühlt Euch eingeladen mich zu kontaktieren, ich würde mich freuen, zu erfahren, wie es Euch ergangen ist.

Meine Updates waren ursprünglich auf einer Seite im Internet gesammelt. Allerdings habe ich vor einiger Zeit gelernt, dass das Internet doch „vergisst", zumindest, wenn es keinen direkten Link mehr gibt, den man ansteuern kann. Das Buch ist also das Ergebnis einer liebevollen und teils aufwendigen Rekonstruktion meines Jahres – gedruckte Berichte, Scans, Überarbeitung und Ergänzungen anhand von

Kalendereinträgen und Fotosichtungen. Ich könnte noch so viel mehr schreiben und ergänzen, aber ich fürchte, dann würde dieses Buch nie ein Ende finden. Meine Eindrücke von damals sind größtenteils so belassen, wie ich sie seinerzeit geschrieben habe. Hier und da habe ich eine Ergänzung mit den Augen von heute hinzugefügt.

Wenn ich aus meinem heutigen Blickwinkel auf die Geschichten von damals schaue, empfinde ich nach wie vor eine Mischung aus Dankbarkeit, die Erfahrungen habe machen zu dürfen und einem gewissen Maß an Stolz, dieses Abenteuer angegangen zu sein.

Ich wünsche mir so sehr, dass auch andere den Mut finden, Grenzen zu überschreiten um dann feststellen zu dürfen, dass es da draußen so viel mehr gibt als unser kleiner Horizont uns glauben machen möchte. Wachst und werdet so groß, wie ihr nur irgendwie sein könnt. Wachst und strahlt dieses Licht in die Welt hinaus! Sie ist so schön und ein Abenteuer.

Herzlich,
Stefanie

Stefanie.Ramm@outlook.com

Sommer 2021

Die letzten Vorbereitungen

Allein in Amerika … (1) – 30. Juli

Okay, ich geb's zu, der Betreff trifft es noch nicht ganz. Aber da ich mir in den Kopf gesetzt habe eine Art wöchentliche Tagebuch-Mail zu verschicken (mal sehen wie lange ich das durchhalte und ob ich das überhaupt schaffe – ich und Technik), finde ich den Betreff doch ziemlich passend. Wie sicherlich die meisten von euch wissen, steht das hier unter dem Motto: Wenn ich mir irgendetwas in den Kopf setze, dann zieh' ich das (hoffentlich! ☺) auch durch! Ja ja, so bin ich halt.

Also, am 31. Juli 2006 startet mein großes Amerika-Abenteuer. *grübel* Mittlerweile bin ich zwar irgendwie der Ansicht, dass es auf alle Fälle Zuhause viel bequemer und auch einfacher ist, aber nun ist es zu spät. Die Flugtickets habe ich, die Programmgebühr ist bezahlt und immerhin habe ich auch mein Visum (oder wie die Amis sagen „*visa*" *grins*). Also, da ich mit diesem „*Visumsa*" so viele Scherereien hatte, werde ich das jetzt schon aus Prinzip machen!

Ach ja, ich wollte mich natürlich auch nochmal für die vielen lieben Geburtstagsglück- und Amerika-Wünsche bedanken: Vielen lieben Dank! ☺

Ich hätte ehrlich gesagt nie vermutet, dass Kofferpacken solche Ausmaße annehmen kann. Immerhin konnte ich die letzten Male immer noch meinen Fußboden betrachten. Aber jetzt... nee, ich wünsch' das wirklich keinem! Zweimal 22 Kilo, was um Himmels willen soll man denn da alles einpacken[1]? Ist mir echt ein Unding! Wenn man bedenkt, dass ich das auch alles noch irgendwie aus meinem Zimmer und Richtung Auto bewegen muss... *grummel* Das andere kleine Problemchen ist wohl eher die Frage, wie ich die doch etwas „sperrigen" Stücke (Winterjacke, Notenständer, Flöte, Klavier *grins*...) in die hübschen, aber leider doch viel zu kleinen, Koffer bekommen soll. *seufz* Ach ja und obwohl ich jetzt fast alles in den Taschen habe, werde ich das Gefühl nicht los, dass ich alles noch mal auspacken muss... warum muss ich auch immer das nach unten packen, was ich in absehbarer Zeit doch noch mal gebrauchen könnte. *grummel*

Übrigens ist jetzt noch was Interessantes passiert. *grübel* Ich habe von der Musikhochschule einen Brief bekommen. Auf mir total unerklärliche Weise habe ich allem Anschein nach die Aufnahmeprüfung bestanden (keine Ahnung wie, nachdem was die lustige Klaviertante mir alles „Nettes" gesagt hatte). Wohlgemerkt für das Wintersemester 2006/2007. *grummel* Mal sehen was die Uni dazu sagt. *daumendrück*

Hier ist übrigens noch meine neue Adresse. Ich erwarte natürlich mindestens täglich eine E-Mail und mindestens einmal wöchentlich einen Brief! *grins* War nur ein Scherz! Mail einmal pro Woche dürfte genügen und Brief einmal im Monat auch! Spaß bei Seite, ich freu mich immer über Post! Immerhin muss es doch auch was Positives haben, wenn ich schon nach

---

[1] Wie sich später herausstellen sollte, waren 80 % der Sachen überflüssig.

Amerika gehe. ☺ Urlaubspostkarten wären auch sehr schön!

> Stefanie Ramm
> 2345 Alton Hotel Court
> Woodbridge
> VA 22192, USA

Falls nun irgendjemand darauf bestehen sollte, dass ich ihm im Laufe des Jahres mal eine Karte schreiben soll, dann sollte er seine Adresse mitteilen. ☺ Ich garantiere aber für nichts, immerhin sind die Amis als etwas, na sagen wir mal, chaotisch bekannt. Ob die Post dann auch ankommt, ist also etwas fraglich. Ich werd' mir aber auf alle Fälle Mühe geben!

Sobald ich das mit den ganzen Vorwahlen herausgefunden hab', lass' ich euch natürlich auch noch meine neue Telefonnummer wissen. Mit den richtigen „Billigvorwahlen" zahlt man nur einen Cent pro Minute.[2] Dann könnt ihr mich ja auch mal anrufen. *freu*

Ich werde euch auf dem Laufenden halten. *versprochen* Viel Spaß in den nächsten 12 Monaten. Denkt mal an mich und immer fleißig schreiben!

Viele liebe Grüße,
Stefanie

---

[2] „Früher" war das noch ein kleines bisschen aufwendiger als heute mit Smartphone und WLAN überall. Kontakt via E-Mail und Skype in einem frühen Stadium war normaler Alltag. Ich habe zumindest zu Beginn auch viel tatsächlich mit meiner Familie telefoniert.

Meine Gastfamilie

Allein in Amerika... (2)

Um sich mein Leben drüben besser vorstellen zu können, ist es sicherlich sinnvoll meine Gastfamilie kennenzulernen. 2006 erhielt ich dazu den sinngemäßen Brief meiner Gastmama, der bei ihren Bewerbungsunterlagen für die Agentur gelandet war:

Vielen Dank, dass Du Dir die Zeit nimmst etwas über uns zu lesen. Unsere Familie besteht aus Mama Anne, Papa James, Tochter Michelle (9 Jahre), Sohn Michael (7 Jahre) und Familienhund Bobo.

Wir leben im Bundesstaat Virginia, weniger als 30

Minuten von Washington DC, der Hauptstadt der
USA entfernt. Wir haben ein großes Haus in einem
ruhigen Vorort namens Woodbridge.

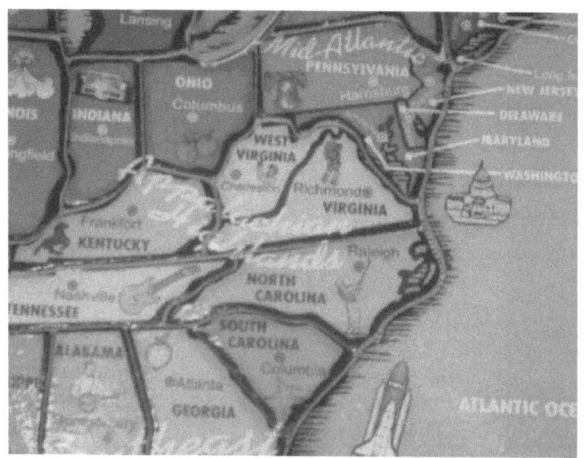

Unser Haus hat fünf Schlafzimmer (eins davon ist
das Spielzimmer der Kinder), ein Wohnzimmer, ein
Esszimmer, Küche, Familienzimmer, Büro, drei
Badezimmer und einen Keller. Hier gibt es genug
Platz für jeden.

Wir sind eine sehr offene und liebevolle Familie, die
viel redet. Wir sind Christen und es ist uns wichtig,
dass jemand, der bei uns lebt, auch christlich ist und
das auch lebt.

Anne ist Juristin und James arbeitet für Boeing.
Beide sind in der U.S. Army. James wird während

des Au Pair Jahres mit der Army im Bundesstaat Missouri stationiert sein und nur ab und an zu Besuch kommen.

Michelle und Michael sind über den Tag in der Schule und in den Sommerferien im Sommercamp. Anne verlässt täglich gegen 6 Uhr früh das Haus. Wir suchen jemanden, der die Kinder aufweckt, Frühstück macht, Schulbrote packt, sie 8:30 Uhr zur Schule fährt und 15:20 Uhr wieder abholt. Anne kommt 17 Uhr nach Hause. Es ist Aufgabe des Au Pairs mit einem kranken Kind Zuhause zu bleiben oder wenn die Schule zu ist.

Wir haben ein sauberes und organisiertes Zuhause. Im Haus wird nicht geraucht. Das Au Pair wird die Kinderwäsche waschen und die Schuluniformen einmal die Woche bügeln. [...]

- Anne"

Viel mehr wusste ich damals auch nicht. Lasst das Abenteuer also beginnen:

Erstes Lebenszeichen

Allein in Amerika... (3) – 2. August

Hallo alle zusammen!

Ich wollte euch nur kurz wissen lassen, dass ich hier gut ankommen bin. Habe mir sogar schon vernichtende Blicke und Kommentare eingehandelt, da ich lauthals am Flughafen geflucht hab'... Als ich mich stammelnd auf Deutsch entschuldigt habe, hat der Flughafenmitarbeiter nur gegrinst und sich gefreut. Scheinen ganz nett zu sein diese Amis.

Also, mehr beim nächsten Mal.

Ciao,
Stefanie

Die Reise

Allein in Amerika... (4) – 7. August

Liebe Europäer!! *grins*

Wie ich euch bereits in meiner letzten Mail mitteilen konnte, habe ich seit fast einer Woche wieder festen Boden unter den Füßen – allerdings handelt es sich hierbei um amerikanischen, aber das könnt ihr euch ja auch alleine denken. ☺

Bereits in Leipzig, genauer gesagt im Flughafen Leipzig/Halle, startete das „große" Abenteuer. Übrigens habe ich schon dort jemanden kennen gelernt. Nellie wohnt hier sogar fast in meiner „Nähe". Allerdings sollte ich vielleicht erwähnen, dass für Amis alles nah zu sein scheint, was man innerhalb eines Tages per Auto erreichen kann. Jedenfalls wohnt Nellie, laut ihren Gasteltern, etwa 1,5 bis 2 Stunden von hier entfernt.

Erstmal überhaupt bis nach Amerika gekommen zu sein, war schon sowas wie ein kleines Wunder. Immerhin mussten wir sehr, sehr, sehr viele „Durchleuchte-Kontrollen" über uns ergehen lassen. Ich habe leider zu spät gemerkt, dass ich eine dafür absolut ungeeignete Hose anhatte. *grummel* Jedenfalls piepte einfach jedes dieser Geräte, ganz egal auf welchem Flughafen. Nach dem dritten „Piep" habe ich es auch aufgegeben, dem Flughafenpersonal zu erklären, dass das an meiner Hose, genauer gesagt an den Knöpfen lag... übrigens habe ich nicht vor diese Hose noch mal am Flughafen anzuziehen. ;)

In Düsseldorf hatten wir einen ungeplant langen Zwischenstopp. Aber es wurde nicht langweilig, immerhin hatten die Flughafenmitarbeiter genug für uns zu tun (die haben soviel Papier für die Einreise in die USA zum Ausfüllen ☺). Da unser Flug über eine Stunde später als eigentlich geplant startete, hatten wir zumindest so die Gelegenheit, noch einige andere Au Pairs kennenzulernen. Wie es halt so ist, einige waren auf Anhieb super sympathisch und dann gab's da noch einige andere... *grübel*

Im Flugzeug selber saß ich leider richtig in der Mitte (allerdings saß ich von Leipzig nach Düsseldorf am Fenster). Ich hatte allerdings das Glück, dass mein rechter Platz leer war. Zu meiner linken saß ein amerikanischer Fluggast. Erst hat er versucht mit Kreditkarte zu bezahlen, dann kam er mit zwei Bechern Cola, wobei er die Hälfte auf dem Gang verteilte. Es wurde nicht langweilig... *grins*

Als wir endlich in New York angekommen waren, war die Erleichterung doch schon ziemlich zu spüren. Alle Koffer waren da, alle Au Pairs schienen vollzählig zu sein. Wir wurden sogar schon am Flughafen erwartet. Allerdings wollte die lustige Frau nicht mit uns reden. Warum? Keine Ahnung. Jedenfalls saßen wir dann doch irgendwann mehr oder weniger glücklich im Bus und es ging Richtung Stamford in unser Hotel. Unser „Zuhause" auf Zeit war ziemlich groß, aber dennoch hatten wir uns jeweils ein Zimmer zu dritt zu teilen. Da es aber nur zwei „richtige" Betten gab und eine Gästeliege, bedeutete das für uns jede Nacht in einem anderem

Bett zu schlafen. So nach dem Motto: „Gleichberechtigung für alle".

Meine beiden Zimmergenossinnen waren Lia und Gina. Lia kommt aus Deutschland und ist mit bei mir im Cluster, das bedeutet so viel wie, dass wir in der Nähe wohnen. Auch nur circa eine Stunde entfernt... ;) Amerika eben. Allerdings wissen wir bis jetzt noch nicht, wo Gina (sie ist aus der Ukraine) hingekommen ist. Die Orientation[3] an sich fühlte sich ein bisschen sinnlos an. Wahrscheinlich kann ich das aber einfach nicht wirklich beurteilen. Ich lass' Kinder am heißen Herd spielen und am offenen Fenster... Jedenfalls haben die uns dort ganz viel Zeug erzählt, das eigentlich klar sein müsste. Diese Veranstaltung dort hatte schon so ein gewisses Schul-Flair (schreibt man das so?). Einfach hinsetzen, Augen offen halten, am Anfang zuhören und dann mit offenen Augen träumen...(nichts für ungut, aber irgendwann war es einfach nicht mehr möglich

---

[3] Bei der Orientation handelt es sich um die Einführungsveranstaltung der Agentur vor Ort in den USA. Alle neuen Au Pairs werden, bevor sie sich dann auf den Weg zu ihren Gastfamilien machen, für ein paar Tage zusammen in einem Hotel untergebracht und nehmen über die Zeit an verschiedenen Veranstaltungen teil. Natürlich gab es da „Theorie" – wie sieht der Alltag eines Au Pairs aus und was wird von uns erwartet, aber auch organisierte Ausflüge. Beispielsweise sind wir nach New York gefahren und haben dort eine Stadtrundfahrt gemacht. Wer wusste denn schon, ob es sich im Laufe des Jahres noch einmal ergibt nach New York zu kommen. Sicherlich dienen diese Tage u.a. dazu sich etwas zu akklimatisieren und dem Ankommen eine Chance zu geben bevor es in den Familien ernst wird.

zuzuhören, die ganze Zeit nur Englisch und dann noch die Zeitverschiebung... also beim besten Willen).

Und dann war es soweit, wir sollten doch tatsächlich zu unseren Gastfamilien aufbrechen. Das haben die wirklich ernst gemeint. Bis zu diesem Zeitpunkt war das irgendwie noch so eine Spaßveranstaltung. Wir wurden also mit Bussen zu den entsprechenden Abreiseorten gebracht. Wie sich aber leider bei mir herausstellte, war das der falsche Flughafen.[4] Nicht, dass ich die einzige von uns Au Pairs in dem Flug war... das wär' ja echt blöd

---

[4] Mir ist bis heute nicht ganz klar, was da eigentlich passiert ist. „Falscher Flughafen" und dann nur fünf Gehminuten entfernt, deuten wohl eher auf das falsche Terminal hin. Jedenfalls wurde ich vom Bus der Organisation falsch abgesetzt. Mit Jetlag, mangelnden Sprachkenntnissen und fehlendem Orientierungssinn war das jedenfalls nicht wirklich spaßig.

gewesen. *grummel* Jedenfalls meinte eine Flughafenmitarbeiterin, dass das andere Gebäude „nur" fünf Gehminuten zu Fuß entfernt war. Nett. Nicht, dass ich total verwirrt und durcheinander war. Nö, überhaupt nicht und dass ich einen so „tollen" Orientierungssinn habe. Wäre ja sonst echt blöd gewesen. Jedenfalls bin ich dort mit meinen zwei viel zu schweren Koffern losgezogen, dann ist natürlich noch das eine Rad kaputt gegangen... wenn, dann richtig. Kurz vor dem anderen Gebäude hat mir noch eine nette Frau beim Kofferziehen geholfen. *strahl* Dann war ich selbstverständlich noch am falschen Schalter (ich musste natürlich ans andere Ende), dann stand auf meinem Ticket, dass der Flug erst 19 Uhr geht (sollte eigentlich 18 Uhr schon losgehen), dann war meine Gastfamilie aber schon weg mich abholen (habe dann auf den Anrufbeantworter sprechen müssen *grummel*), dann hatte ich mit einem lustigen Menschen an dem Durchleuchte-Piepding eine Diskussion über mein Abi-Shirt... (beim dritten Mal hat er verstanden, dass ich aus Deutschland bin, aber warum da was Spanisches draufstand, hat er glaube ich trotzdem nicht verstanden). Ach ja und dann ist mein Flug erst nach 20 Uhr gestartet. Aber immerhin saß ich am Fenster. Also alles ganz easy.

Als ich meine Gastfamilie endlich gesehen habe, war ich doch ziemlich erleichtert. Sie haben mich so richtig mit einem Schild erwartet und total gefreut, dass ich endlich da war. Pure Erleichterung auf beiden Seiten sozusagen.

Nun sitze ich hier am Computer und versuche das Wichtigste so kurz wie möglich zu verpacken, damit ihr euch nicht allzu sehr langweilt. ☺ Meine

Gastfamilie ist wirklich super nett und Gott sei Dank in vielen Dingen so richtig untypisch amerikanisch! *freu* Aber das werde ich beim nächsten Mal zum Besten geben. Sonst weiß ich dann vielleicht gar nicht, was ich schreiben soll.

Ich wünsch' euch jedenfalls einen ganz schönen Sommer und vielleicht auch Urlaub (aber natürlich nicht allzu warm!). Hier waren übrigens am Donnerstag über 40 Grad (Celsius wohl gemerkt *bäh!*).

Ich freu' mich immer was von euch zu hören,
Stefanie

Willkommen neuer Alltag

Allein in Amerika... (5) – 11. August

Hallo zusammen!

Und schon wieder sind einige Tage vergangen. Es ist unglaublich, was in so kurzer Zeit alles passiert. Auch wenn es sich eigentlich nur um alltägliche Dinge handelt. Da für mich gefühlt einfach alles neu ist, vergehen die Tage so schnell.

Meine Gastmama hatte sich für die ersten Tage frei genommen, damit sie mir alles zeigen kann. Ich weiß mittlerweile schon wo die Schule ist. Momentan sind ja noch Sommerferien und meine Beiden gehen ins Sommercamp. Da das aber auch in ihrer Schule ist, bin ich den Weg jetzt schon mehrfach gefahren.

Im Übrigen habe ich hier mein „eigenes" Auto. Mit Automatik. Komisches Gefühl, wenn man sonst ein „normales" mit Gangschaltung gewöhnt ist. Hier spricht man dann von *„stick shift cars"*. Da hier gefühlt jeder ein Automatik-Auto fährt, sind unsere „normalen" dann eher die Ausnahme... Verwirrend oder? ;) Nichtsdestotrotz habe ich mich am Anfang, mit meiner Gastmama auf dem Beifahrersitz, wie in der Fahrschule gefühlt. Wisst ihr eigentlich wie kompliziert es ist, sich einen Weg zu merken, wenn man ohnehin von allen Eindrücken so eingenommen ist? Ich finde zumindest mittlerweile bis zur Schule und wieder zurück – die eine Straße kann ich mir aber auch nur merken, weil ich an dem roten Briefkasten abbiege. ;)

Es gibt noch so oft die Situation, dass mir einfach die Worte fehlen. Boah ist das nervig. Ich verstehe echt viel, aber antworten? Puh. Mit Händen und Füßen, ja. Aber das ist so weit von dem entfernt, was ich eigentlich sagen will. Meistens sag' ich dann doch lieber nichts. Ich hoffe, das ändert sich noch.

Am Dienstag habe ich das erste Mal Wäsche gewaschen. Habe ich schon erwähnt, dass mir meine Gastmama gefühlt jedes Haushaltsgerät erklärt hat? Frei nach dem Motto „ ... *und das ist ein Geschirrspüler...*" und dann wurde mir erklärt, was das Gerät macht. Erst habe ich sie total verständnislos angesehen. Es ist mir schon klar, was ein Geschirrspüler macht. Als wir dann rausgefunden hatten, dass ich die Sachen durchaus kenne und sie mir nicht fremd sind, hat sie mir allerdings auch erzählt woher ihre Erklärwut kommt. Ihr Bruder (die haben schon das 13. Au Pair und kennen sich da wohl ganz gut aus) hatte sie vorgewarnt, dass viele Au Pairs durchaus keine Ahnung hätten, weil es diese Sachen bei ihnen vielleicht nicht gibt. Lassen wir uns aber festhalten, dass Deutschland jetzt nicht ganz am Ende der Welt liegt. ;)

Wie dem auch sei, sie hat mir dann mit viel Geduld sowohl Waschmaschine als auch Trockner erklärt. *Yeah*, Waschmaschine. Wäsche waschen. Ich habe das erste Mal in meinem Leben eine Waschmaschine bedient. Erstaunlicherweise ist alles noch in der Größe und Farbe wie vorher! *stolz-guck* Ich bin im Übrigen auch für die Wäsche meiner beiden Kinder zuständig. Bügeln auch... naja, mal sehen, ob wir Freunde werden. (Momentan bin ich da nicht wirklich von überzeugt.) Als ich im Übrigen versucht habe meiner Gastmama zu erklären, dass die eine Socke ein Loch hat – ich habe mich vielleicht etwas unglücklich ausgedrückt mit „*The sock is broken.*"[5] – endete das mal wieder in einem Lachanfall ihrerseits... oh man. Ich hoffe, ich kann da auch mal drüber lachen. In dem Moment bin ich nur rot angelaufen.[6]

So, dann muss ich euch noch unbedingt mitteilen, dass ich Elli kennengelernt habe. Sie ist Au Pair und wohnt hier quasi um die Ecke... zumindest nach der Definition meiner Gastmama. Da ist alles „*American close*", was man innerhalb der nächsten Stunde, vielleicht auch der nächsten drei Stunden, erreichen kann. Jedenfalls hat sie auch zwei Kinder hier und ist nur ein paar Wochen vor mir angekommen. Meine Gastmama hat sich kurzerhand bei ihrer Gastfamilie gemeldet, weil wir quasi Nachbarn sind – damit ich schnell Anschluss bekomme und damit ich nicht gleich in der ersten Woche alleine zu unserem ersten Treffen – einer Poolparty – fahren muss. Elli hat mich also zu unserem ersten Clustermeeting mitgenommen. Das ist ein Treffen aller Au Pairs, die hier „in der Nähe" wohnen und von unserer Betreuerin Dagmar (sie kommt gebürtig aus Deutschland) betreut werden. Es sind einige deutschsprachige Au Pairs dabei. Das war nach den ersten Tagen eine schöne Überraschung. Mal nicht mit Händen und Füßen unterwegs sein.

---

[5] *„Die Socke ist zerbrochen."*

[6] Heute lachen wir tatsächlich beide immer sehr herzlich darüber. ;)

Am Mittwoch waren wir zusammen unterwegs – sie hat ein paar Spiele gekauft und dann waren wir noch im Kino. Wir haben uns „*World Trade Center*" angesehen und uns einfach erstmal kennengelernt. Es tut total gut, sich zwischendurch einfach mal austauschen zu können ohne ständig nach Worten zu ringen. ;)

So, genug für heute.
Viele Grüße,
Stefanie

Crazy Times

Allein in Amerika... (6) – 14. August

Liebe Daheimgebliebenen!

Ich freue mich euch mitteilen zu können, dass ich trotz dauernd auftauchender unangenehmer Zwischenfälle immer noch am Leben bin. Allerdings scheint das manchmal nicht ganz so offensichtlich zu sein, da meine Gastmama irgendwie ständig, wenn sie nach Hause kommt, fragt, ob ich *„still alive"* bin. Nett, oder?

Im Übrigen wollte ich mich hier an dieser Stelle mal für alle bereits gemachten und ebenso für alle zukünftigen Rechtschreibfehler meinerseits entschuldigen. Das ist alles zurzeit ziemlich verwirrend. Man hört, liest und sieht die meiste Zeit Englisch, aber irgendwie wehrt sich doch bis jetzt noch mein Kopf mit „Händen und Füßen" *grins* dagegen. So ist es meiner Meinung nach nicht sonderlich verwunderlich, dass ich momentan weder Deutsch und schon gar nicht Englisch wirklich zustande bringe.

Dann habe ich doch auch noch festgestellt, dass sich das mit den E-Mail-Adressen zu einem ungeahnten Problem entwickelt hat. *grummel* Ich habe den Dreh leider immer noch nicht so richtig raus. Anscheinend habe ich die letzten beiden (?) Mails nicht wirklich an alle gesendet. Also falls das tatsächlich der Fall sein sollte und ihr auch meine dazwischenliegenden Mails lesen wollt, dann einfach

18

mal kurz Bescheid geben, die werden dann umgehend nachgereicht. Ihr wisst schon: ich und Technik. ;)

Ich hoffe, ihr habt euch alle fleißig meine Fotos angesehen?[7] Da kann ich euch ein paar meiner Begebenheiten zu den Bildern erzählen. Vielleicht habt ihr euch ja schon gewundert, warum ich so seltsame Dinge wie einen Rauchmelder neben den echt wichtigen Dingen (wie mein Haus, mein Auto, mein Hund und meine Gastfamilie ☺) fotografiert habe. Das ist echt eine aufregende Geschichte. Ehrlich! Es war am Donnerstag oder Freitag, naja irgendwann jedenfalls letzte Woche. Ich hatte gerade den Versuch aufgegeben, durch einen Mittagsschlaf mein immer noch viel zu großes Schlafdefizit aufzuholen *gähn*, als ich ein komisches Geräusch wahrnahm. Zuerst habe ich das natürlich ganz gekonnt ignoriert, aber selbst ich schaff' das nicht ewig. *seufz* Spätestens als Bobo leicht panisch wurde, wollten wir diesem Geräusch auf die Pelle rücken. Allerdings konnten wir es nicht finden. Irgendwann kam ich dann auf die grandiose Idee meine Gastmama anzurufen. Aber sie konnte mir auch nicht sagen, was dieses komische Geräusch verursachte. Könnte unter Umständen daran gelegen haben, dass ich schon leicht in Panik war und keinen vernünftigen Satz mehr zustande brachte.[8]

---

[7] Meine Bilder hatte ich seiner Zeit auf einer Seite namens „Photobucket" abgelegt. Allerdings sind sie mittlerweile auch nicht mehr auffindbar... Gut also, wenn man sich immer noch ein paar separate Kopien auf seiner externen Festplatte behält. ;)

[8] Nachtrag: Ich habe dann wie wild mit Wörtern um mich geworfen, die u.a. das Wort „noisemaker" umfassten. Davon bekam meine Gastmama erstmal einen Lachan-

Irgendwann hat sie aber das Geräusch gehört und mir glucksend verkündet, dass das der Rauchmelder war. Super! Ganz klasse! Echt! Nicht, dass wir mindestens 90 Minuten diesem aller 20 Sekunden wiederkehrendem „*Beep*" ausgesetzt waren. Das kleine Folgeproblem bestand jetzt eigentlich nur noch darin, dass ich den Rauchmelder von der Decke des „*living room*"s bekommen musste. Ganz zu schweigen von der Tatsache, dass ich den *living room* erstmal finden musste. *Living room, family room...* ey, was wir alles für Räume haben. Ich habe mir dann einen Stuhl aus der Küche geholt (da ich die mir empfohlene Leiter leider nicht gefunden habe) und versucht dieses Ding von der Decke zu bekommen. Das war gar nicht so einfach. Immerhin bin ich ja nicht gerade die Größte. Irgendwann habe ich sogar das geschafft, aber natürlich hatte ich die ganze Geschichte immer noch nicht überstanden. Ich musste erst noch die fast leere Batterie entfernen. Ging in dem Moment natürlich null. Nachdem meine Gastmama schon einen Nachbarn angerufen hatte (der glücklicherweise NICHT da war), habe ich sie endlich mit roher Gewalt aus dem mir mittlerweile sehr verhassten Gerät entfernt bekommen. *Stolzguck*

Vielleicht sollte ich noch erwähnen, dass meine Gastmama das nicht nur brühwarm ihren Kollegen

---

fall. Das fand ich zu diesem Zeitpunkt überhaupt nicht lustig. Allerdings muss man an dieser Stelle wissen, dass ein „*noisemaker*" so eine Faschingströte ist. Dass ich nach sowas suchen sollte... Ja, mit sehr viel Abstand ist das echt witzig. Wir lachen im Übrigen noch heute darüber, wenn wir uns daran erinnern. ;)

erzählt hat und natürlich auch allen Leuten am Telefon erzählen muss, sondern, dass sie fest davon überzeugt ist, die ganzen mehr oder weniger „lustigen" Begebenheiten aufzuschreiben.[9]

Und am Freitag oder war's doch Samstag... ich bin immer noch total verwirrt was Tage und Zeiten angeht, aber das wird schon noch. Jedenfalls habe ich da meine eigene „Weihnachts-an-den-Kamin-hänge-Socke" bekommen! *strahl* Die ist natürlich auch im Fotoalbum zu finden. *freu* Ich hab' mich riesig gefreut! Natürlich wurde sie auch gleich ordnungsgemäß an den Kamin gehängt. Ist ja nicht mehr lang bis Weihnachten. *hüstel* Ich bin hier in Amerika, also bitte nicht wundern. ;)

Habe ich schon mal erwähnt, dass es hier so Wandschränke gibt? Total tolle Sache, vor allem, wenn man nicht weiß, was man mit seiner Zeit machen soll. Ist bei uns schon mehrmals

---

[9] Nein, das hat sie nicht gemacht. Leere Drohung. ;)

vorgekommen, dass meine Beiden sich jeweils einen Schrank gesucht haben, dann in dem Schrank verschwunden sind und wenn irgendjemand „GO" gerufen hat, ging das Türenknallen los... schrecklich! ☺ Sie rennen dann die Treppe hoch bzw. gleichzeitig runter zum jeweils anderen Schrank und verstecken sich wieder und so weiter und so fort.

Ich bin übrigens jetzt wieder allein. Gerade waren unsere „Saubermachfeen", also die *Maids*, da und jetzt ist alles schön sauber und ich kann mich wieder frei im Haus bewegen. Deshalb habe ich jetzt auch gleich eine Waschmaschine angestellt. *grins* Ich weiß, das klingt total lustig, aber ich habe das jetzt schon bestimmt drei Mal gemacht und es passt fast noch alles. Naja, bei der einen Hose bin ich mir nicht ganz sicher ob die schon immer so eng war... aber ansonsten, hat noch alles seine ursprüngliche Farbe! *auf-die-Schulter-klopf*

So, ich hoffe, ihr habt viel Spaß beim Lesen!

Ich grüße euch ganz herzlich,
Stefanie aus Amerika

P.S.: Vielen lieben Dank für die bereits geschriebenen Mails.

P.P.S.: Viele liebe Grüße an alle die Menschen, die ich vergessen haben sollte oder die ich mit meinen Mails nicht erreiche.

Auf nach Wisconsin

Allein in Amerika... (7) – 22. August

Liebe Verwandtschaft, Freunde, Bekannte und alle anderen, die sich noch nicht angesprochen fühlen!

Vielen Dank für die vielen lieben Versuche mich an eurem Leben auch weiterhin teilhaben zu lassen! *strahl*
Ansonsten ist scheinbar wieder eine (naja ein bisschen mehr als eine) Woche vergangen. Ich kann euch auch jetzt wieder beruhigen. Mir geht's gut. Der einzige Grund warum ich nicht eher geschrieben habe, ist doch tatsächlich der, dass ich die letzten fünf Tage überhaupt nicht hier war. Wir waren „on vacation". Genauer geschrieben haben wir Annes Eltern in Wisconsin besucht.

Sie leben nebst Sohn und dessen Familie in Racine, Wisconsin. Das wiederum ist eine Stadt direkt am Lake Michigan. So ist es nicht weiter verwunderlich, dass ich kleines Dorfkind doch tatsächlich wieder ein kleines Stückchen mehr von der „großen weiten Welt" gesehen habe. Natürlich habe ich auch Unmengen an Fotos gemacht (ich musste sogar extra ein paar löschen, da mein Speicher ein bisschen ausgereizt war…). Ich werde die Bilder bei nächster Gelegenheit ins Netz stellen. Versprochen! Aber zurück zur erweiterten Gastfamilie. Also wir wurden am Flughafen schon sehnsüchtig von den Großeltern erwartet. Die sind, genau wie der Rest der Familie, furchtbar nett! Ich wurde gleich nach den Enkeln und noch vor der Tochter begrüßt. Nach kurzem Zwischenstopp im Hotel sind wir dann ins großelterliche Anwesen weitergereist. (Also sie wohnen, das wurde wieder und wieder betont, nicht mehr in einem großen Haus, da sie nur noch zu zweit sind. Allerdings hatte ich den Eindruck, dass dieses „kleine" Zuhause mindestens die Größe unseres Hauses in Deutschland hatte. ;)) Zum Leidwesen meiner Gastmama wurden wir dort alle mit Keksen, Kuchen und anderen zuckerhaltigen Lebensmitteln vollgestopft.[10]

---

[10] Ich sollte vielleicht an dieser Stelle mal erwähnen, dass meine Gastmama ihre Diabetes über eine echt eiserne Ernährung im Zaum hält. Sie achtet sehr auf eine gesunde Ernährung, was zu meinem Glück auch dazu beigetragen hat, dass ich nicht in den typischen Amerika-Trott geraten bin, sondern eher noch bewusster mit meiner Ernährung gelernt habe umzugehen. Ich habe über das Jahr kein Gewicht zugelegt und langfristig viele Er-

Ich habe durch diesen Urlaub auch endlich die „richtige", d.h. für Amis (aus europäischer Sicht natürlich) typische Lebensweise kennengelernt. Es ist tatsächlich möglich dreimal am Tag und das wiederum fast vier Tage ununterbrochen hintereinander zum Essen in irgendwelche Lokalitäten zu gehen. Ich war nun auch „endlich" mal bei Burger King und so… aber das ist irgendwie anders als Zuhause. Du bekommst dort deinen Becher an der Kasse und kannst dir bzw. musst dir dein Getränk selber zapfen. Allerdings scheint man das so oft wie man will machen zu können.[11] Genauso in anderen normalen Restaurants: Eistee und „Sodas" (also Limos wie Cola, Sprite, ...) werden einmal bezahlt und immer wieder aufgefüllt. Ist schon ein komisches Land, aber das habe ich hier nun schon so oft festgestellt, dass es mich nicht mehr weiter vom Hocker reißt.[12] Allerdings komme ich immer noch

---

nährungseigenschaften erlernt. Unterm Strich bleibt aber festzuhalten, dass Kekse und Co. bei uns nur in überschaubaren Mengen – zu Geburtstagen, als Nachtisch… – im Haus waren. Einfach mal als Snack so zwischendurch war und ist das nach wie vor undenkbar.

[11] *Free refills* waren mir zu diesem Zeitpunkt komplettes Neuland.

[12] Gerade an diesen Stellen fällt mir aus heutiger Sicht auf, wie sich Stück für Stück mein Horizont erweiterte. Am Anfang ist man mit einem Erlebnis konfrontiert, das einfach komplett konträr zu dem läuft, was man sein bisheriges Leben kennengelernt hat. Dann kommt ein gewisses Maß an Erstaunen und Verwunderung und Unverständnis. Warum ist das denn hier bitte anders? So wie ich es kenne, ist es doch gut und vollkommen praktikabel. Dann muss es erstmal sacken, ändern kann man ja schließlich kein ganzes Land, nur weil man es

25

nicht so ganz mit der Tatsache klar, dass hier anscheinend keiner so richtig weiß, warum man denn tatsächlich Messer und Gabel bekommt. Es ist wirklich erstaunlich, aber doch andauernd zu beobachten, dass grundsätzlich jeder Ami nur ein Messer in die Hand nimmt um evtl. sein Fleisch kleinzuschneiden (falls man das nicht auch alleine mit Hilfe einer Gabel schafft) und wenn man das dann endlich geschafft hat, legt man das Messer gaaanz schnell wieder aus der Hand. (Es könnte ja beißen oder einen attackieren. Man muss ja schließlich mit allem rechnen.) So sieht man in jedem Restaurant (egal wie teuer) Leute nur mit einer Gabel in der rechten Hand oder (auch sehr wahrscheinlich) alles mit der Hand Richtung Mund befördern. Schrecklich! Da sitzen manchmal sonst wie aufgebrezelte Damen am Tisch und essen doch tatsächlich mit ihren Händen. *schüttel*[13]

Ein weiteres Merkmal dieser Gesellschaft scheint mir mittlerweile die Beobachtung zu sein, dass hier

---

selbst anders kennt und weiß, dass es auch anders funktioniert. Ganz am Ende – mit etwas Abstand – kann man dann aber feststellen, dass sich der eigene Horizont erweitert hat, weil in der eigenen Weltansicht auf einmal (mindestens) zwei Möglichkeiten existieren mit ein und derselben Sache umzugehen. Man wird toleranter und hinterfragt Sachen auf eine andere Art und Weise. ☺

[13] Diese kulturelle Eigenart prallte auf meine eingefleischte Abwehrreaktion alles, wirklich alles, mit Besteck zu essen. Bei meiner Gastfamilie esse ich nach wie vor sogar Pizza mit Messer und Gabel. Einfach, damit die kulturellen Unterschiede klar werden und ja, um meine Gastmama zu ärgern. Wir müssen immer darüber lachen. ;)

anscheinend jeder einen Hund haben muss. Das ist hier sehr populär und leider auch weitverbreitet.[14] Ich meine, mit der Tatsache, dass wir hier einen Hund haben, damit habe ich mich mittlerweile schon abgefunden, aber das auch noch andere einen haben, davon war ja nie die Rede. Als mich ein ziemlich großer, aufgedrehter und schwerer Hund bei Annes Bruder anfiel, fiel uns dann doch tatsächlich ein, dass wir da eine klitzekleine Tatsache schlichtweg vergessen haben... Ist ja nicht weiter erwähnenswert, dass es in manchen Haushalten über 30 Kilo schwere Francescas gibt, liebevoll „Franny" gerufen. Unter dem Wort „Schoßhündchen" würde ich mir definitiv etwas anderes vorstellen.

Unser Hotelzimmer war, ähnlich dem in Stamford (also bei der Orientation), ein Raum mit zwei großen Betten, einer Gästeliege, einem Bad und natürlich einem Fernseher! Nachdem in der ersten Nacht außer Michelle niemand so richtig schlafen konnte (aufgrund gewisser Unverträglichkeiten von bestimmten Mengen an *Cookies* und durch Krankheit verursachte Geräusche[15]...), wurde ich die nächste Nacht liebevoll in die Obhut mir eigentlich wildfremder Menschen übergeben. Ich durfte (keine Ahnung, ob ich so erschöpft aussah) im Hause der Verwandtschaft schlafen, die ich zu diesem Zeitpunkt

---

[14] Kleine Anmerkung: Ich habe nach wie vor sehr viel Respekt vor Hunden und mache für gewöhnlich einen großen Bogen um sie. Allerdings hatte ich mich am Ende meines Jahres sehr mit Bobo angefreundet. Der Abschied fiel mir dann tatsächlich unerwartet schwer.

[15] Man könnte auch von andauerndem Schnarchen und zeitweisen Übergeben von Michael sprechen.

etwa einen halben Tag kannte. Nett, nicht wahr? Bei dieser Verwandtschaft hatte ich dann auch mein erstes richtiges „*cook out*". Das bedeutet, dass alle ganz erwartungsvoll auf der Terrasse sitzen und darauf warten, dass sich irgendjemand erbarmt, den Grill anzuschmeißen und dann irgendwelches Fleisch darauf anbrät. Ich habe dort einen richtigen amerikanischen Hamburger gegessen. Naja, im Notfall kann man sonst alternativ auch mal Pizza ordern oder irgendwelches anderes kalorienhaltiges Fastfood. Da ich mit einigen Sachen absolut nichts anfangen konnte, und die Familie so unglaublich Au Pair erprobt war, wurde mir z.B. der Senf kurz in die Spüle aus der Flasche rausgedrückt, damit ich endlich wusste, was sich darin verbirgt. Sie waren echt alle super hilfsbereit und haben sich alle Mühe gegeben, mich ankommen zu lassen.

Was mir allerdings immer noch ein Buch mit sieben Siegeln ist, warum man hier von allen (meist wildfremden) Menschen umarmt wird. Da wird man Leuten vorgestellt, die eigentlich nichts im Entferntesten mit einem zu tun haben und die fallen einem dann gleich um den Hals. Ich glaube ja nicht, dass ich so umarmungsbedürftig aussehe, aber vielleicht täusche ich mich da auch. Ist aber eher unwahrscheinlich! ;)

Ansonsten ist vielleicht noch erwähnenswert, dass ich doch tatsächlich genötigt wurde, nicht nur an den Strand, sondern auch noch an den Pool zu gehen. Ist das nicht unglaublich?! Ach ja, unser Hotel hatte auch noch einen Pool... so viel Wasser auf einmal.

Also, ich wünsch' euch allen eine schöne Woche!
Denkt mal an mich!

Bis demnächst eure mittlerweile immer noch
ziemlich müde
Stefanie

Deutsch wohin die Ohren hören

Allein in Amerika... (8) – 27. August

Ein dreifaches HALLO an alle fleißigen E-Mail-Leser und -Schreiber!

Also, mir geht es immer noch ziemlich gut hier! Ich habe zwar mittlerweile schon mit meiner ersten Heimweh- (oder vielleicht lieber „*wir fühlen uns etwas fehl am Platz*") Welle Bekanntschaft geschlossen, aber sonst alles mehr oder weniger gut überstanden. Immerhin ist bislang noch nichts kaputt gegangen oder so.

Ich weiß mal wieder nicht wo ich anfangen soll. Beginnen wir einfach von hinten, das ist mir dann doch noch am besten im Gedächtnis geblieben. *Kunstpause* Ich war gestern paddeln, genauer gesagt Kanufahren auf dem Potomac-River. Wieder einmal eine sehr lehrreiche Erfahrung. Immerhin habe ich nun schon zum wiederholten Male festgestellt, dass ich selbst wenn ich mich andauernd eincreme immer noch rot werde. Ich kann euch aber beruhigen, Dank der Lichtschutzfaktor 30 Sonnencreme von Elli und der mindestens einmal stündlich erneuerten Schicht auf meiner Haut, bin ich nur minimal rot geworden und es tut auch nur hin und wieder ein ganz klein bisschen weh. Ansonsten kann man bestimmt sagen (ich geh' jetzt mal davon aus, dass es Elli und Annie auch so sehen), dass dieser Ausflug eine gelungene Abwechslung zu unserem Alltag war. Es ist übrigens erstaunlich, wie viele geplatzte

Autoreifen man an den Straßenrändern sieht. Wir hatten deshalb viel zu sehen. *grins*

Ui, ich kann euch heute mal was über das amerikanische Tanken ohne Kreditkarte erzählen. Das ist sehr lustig, wie vieles hier. Zumindest aus europäischer Sicht, ich glaube, sonst nimmt das keiner so wahr. Man möchte meinen, dass die Amerikaner eigentlich recht gutgläubige Menschen sind, immerhin haben die hier in scheinbar allen Restaurants „*free refill*", man wird im Kino nicht direkt vor den eigentlichen einzelnen Kinos (also wo dann tatsächlich die Filme gezeigt werden) kontrolliert, sondern nur am Anfang einmal am Eingang und da ist es eigentlich kein großes Problem sich mehrere Filme anzusehen oder sich irgendeinen mitgebrachten Becher aufzufüllen. Zurück zum Thema: das Tanken. In Amerika wird man sich wahrscheinlich verzweifelt nach den Preisen umgucken, wenn man (so wie ich) Literpreise gewöhnt ist. Ich war das erste Mal, als ich mit einem Tankstellenpreisschild zusammenstieß etwas geschockt. Immerhin hieß es ja immer, dass das Benzin hier so billig ist. Aber irgendwann habe selbst ich mitgeschnitten, dass es sich hier um Preise per Gallone handelt, d.h. man bekommt ca. 3,75 Liter. Also ist das doch wahrlich richtig billig. Wir waren also gestern tanken, genauer gesagt befanden wir uns auf dem Rückweg von unserer Paddeltour. Da ich mich freundlicherweise zum Chauffieren bereit erklärt hatte – mir blieb nicht viel anderes übrig – musste ich dann ja auch wohl oder übel unmittelbar dem ganzen Tankvorgang beiwohnen. Also, HIER zahlt man mit Bargeld bevor man tankt. Man könnte ja Benzin klauen. (Uiuiui, wir sehen so gefährlich aus, ich weiß. *glucks*) Also, wir sind in die Tankstelle rein und haben dem guten Mann USD 9,- in die Hand gedrückt. Er hat zweimal nachgefragt für wieviel wir eigentlich tanken wollen. Wir werden halt alle älter.[16] Dann haben wir getankt, aber man musste trotzdem aufpassen, dass man nicht zuviel tankt, sonst hätte man ja nochmal nachzahlen müssen. Diese Zapfsäule

---

[16] Nachtrag: Es ist sehr, sehr ungewöhnlich mit Bargeld zu zahlen. Jeder, ausnahmslos jeder Amerikaner, den ich kenne, hat nicht nur eine, sondern meist mehrere Kreditkarten und nutzt diese eigentlich für alle Bezahlvorgänge. Mittlerweile ist das Zahlen mit Karte ja auch in Deutschland Normalität. Für mich war es das damals nicht. Ich zahle auch nach wie vor lieber mit Bargeld um zu sehen, was da eigentlich durch meine Hände geht. ;) Jedenfalls war der gute Mann mit uns und unserem deutschen Bargeld-Denken konfrontiert. Wahrscheinlich hatte er am Morgen als er aufstand nicht mit sowas gerechnet. ☺

schaltet sich nicht von alleine aus (besteht also doch die Möglichkeit „*gas*", also den Sprit, zu klauen)[17] und als wir das wirklich auf den Cent genau geschafft hatten (DANKE an dieser Stelle an Elli), sind wir nochmal rein um uns einen Kassenbeleg ausstellen zu lassen. Das wiederum ist hier scheinbar auch nicht üblich. So hatte dieser Mensch, während er unseren Kassenzettel suchte, die Gelegenheit uns seine unheimlich tollen Deutschkenntnisse nahezubringen. Diese wiederum bestanden aus „*Isch libbe disch*". Er wollte uns unbedingt zeigen, wie gut er Deutschland kannte und Deutsch spricht.[18]

Mir wurde diese Woche auch von einem Kieferorthopäden gesagt, dass mein Deutsch ja richtig gut klinge, zumindest besser als seins und ob ich schon mal dort war. Na, wenn das mal kein Kompliment ist? Wir waren dort, da Michelle eine neue Spange bekommt. Eine der Schwestern stammt aus Deutschland, genauer gesagt aus Bayern. Meine Gastfamilie hat ihr schon vor Monaten gesagt, dass ich komme und sie wollte mich deshalb „*unbedingt*" kennenlernen.[19] Jedenfalls war meine Gastfamilie

---

[17] Mit ziemlicher Sicherheit und vielen Erfahrungswerten später wäre beim Erreichen der USD 9,- Marke die Zapfsäule wieder gesperrt gewesen. Wussten wir aber zu dem Zeitpunkt nicht. ;)

[18] Das ist tatsächlich eine sehr, sehr übliche Variante eines ersten Zusammentreffens.

[19] Das war und ist auch immer noch eine typische Vorgehensweise meiner Gastfamilie. Sobald sie auf Deutsche treffen, teilen sie ihnen immer noch direkt mit, dass es mich gibt. Sobald wir uns dann das nächste Mal sehen, wird auch meist unter irgendeinem Vorwand ein Treffen arrangiert. ;)

dieser Ansicht. Im Endeffekt haben wir uns ein bisschen über dieses und jenes unterhalten, u.a. über die Unterschiede zwischen den heimatlichen und den hiesigen Praxen. Ich habe jetzt ihre Telefonnummer und kann sie jederzeit anrufen, wenn mir die Decke auf den Kopf fällt.[20] Ich hoffe aber, dass das nicht passiert, könnte unter Umständen wehtun die Decke auf das Köpfchen zu bekommen bzw. bin ich dann vielleicht gar nicht mehr in der Lage sie anzurufen.

Naja und sonst wollte ich euch noch unbedingt was über Türen und Lichtschalter erzählen. Die Amerikaner haben auch Türen. *staun* Allerdings haben sie keine richtigen Türklinken – typisch sind eher Türknäufe. Was ich aber sehr schade finde. Es ist so eigenartig nur einen Türknauf in der Hand zu haben, den man drehen muss und nicht irgendwie klinken. Aber das ist ja dann doch irgendwie logisch, ist ja keine TürKLINKE. *grins* Die Lichtschalter sind auch so eine Spezies für sich. Sie sehen aus, als wären sie, naja, irgendwann in den letzten 200 Jahren entwickelt worden. Aber auch Amerika kann nicht

---

[20] Auch das ist eine, wie ich feststellen durfte, typische Reaktion unter Deutschen in Amerika. Meistens hat man aufgrund desselben Hintergrundes gleich so eine Gemeinsamkeit und Verbundenheit, dass direkt die Nummern für den „Notfall" ausgetauscht werden. Auch wenn es einen enormen Altersunterschied gibt und man sich im „normalen Leben" sonst so nicht unbedingt kennenlernen würde. Jedenfalls ist es meine Erfahrung, dass man sich auf diese „Angebote" tatsächlich verlassen kann. Im Gegensatz zu den allzu schnell und auch herzlich klingenden Einladungen der Einheimischen. Das ist erfahrungsgemäß eher eine Höflichkeitsfloskel.

immer in allem das fortschrittlichste Land sein. Man denke nur mal an den Müll.

Ansonsten kann ich euch beruhigen, dass die Telefonrechnung meiner Eltern nicht in ungeahnte Höhen geklettert ist. Also, falls irgendjemand von euch mal das dringende Bedürfnis verspürt mich anzurufen, macht es.

Ich sag' erstmal bis demnächst. Man hört, liest oder (das ist sehr unwahrscheinlich, ich weiß) sieht sich,
Eure Stefanie

P.S.: Ich habe immer noch keine Postkarten gefunden.

Die kleinen Freuden des Alltags

Allein in Amerika... (9) – 9. September

Hallo zusammen!

Wie geht es euch so weit weg? Ich hoffe doch gut. ☺

Die neue Ausgabe meiner „Allein in Amerika"-Mail wollte ich eigentlich schon bedeutend eher senden, aber auf unerklärliche Weise hat sich doch tatsächlich der Computer geweigert. Er hatte nämlich den einen Tag überhaupt gar keine Lust mir bei meiner zuverlässigsten Kommunikationsquelle, also dem E-Mail-Schreiben, behilflich zu sein. Hat sich nicht mal gezuckt, egal was ich gemacht habe. Ich hätte mich wahrscheinlich auch auf den Kopf stellen können, aber das habe ich dann doch lieber nicht ausprobiert. Ich hätte mir sonst vielleicht noch weh getan und das wollte ich dann doch nicht. Ihr kennt ja meine „Sportlichkeit". Also das Streiken des Computers (ich habe ihn nicht kaputt gemacht!!) war einer der Gründe für das verzögerte Erscheinen meiner Mail. Ein anderer ist die Tatsache, dass endlich mein Collegekurs angefangen hat. ☺ Juchhuuu, endlich was zu tun!! Ja und dafür darf ich jetzt mindestens zweimal die Woche nach Manassas fahren. Das sind etwa 20 Meilen pro Strecke und da der Kurs erst 19 Uhr anfängt, gerate ich da regelmäßig in den Feierabendverkehr. So wird aus einer guten halben Stunde doch ganz schnell mal eine knappe ganze Stunde und das zerrt ganz schön an den Nerven. Aber da kann man ja nichts machen außer sich aufregen und das tu' ich natürlich zur Genüge. *glucks* Ich habe doch mal gelesen, dass man seinem Ärger sofort Luft machen soll. Ansonsten war der Kurs bis jetzt ziemlich lustig, bis auf die Erkenntnis, dass man innerhalb weniger Wochen so gut wie die gesamte sich in jahrelanger harter Arbeit angeeignete englische Grammatik wieder vergessen hat. *grummel* Aber deshalb habe ich ja einen „*Grammar & Composition*"-Kurs belegt. Unser Aushilfslehrer für die erste Woche hat es in den beiden Doppelstunden doch jeweils fertiggebracht auf diese Tafel mit einem Permanentmarker zu schreiben. Da prangte in der ersten Stunde ein ziemlich aufdringlicher „Robert" und komischerweise war er der Ansicht, dass es meine Schuld sei. Ich war ja eigentlich der Ansicht, dass sich das mit dem Ende meiner regulären Schulzeit mal erledigt, aber anscheinend sehe ich schon so aus und dabei kann ich doch eigentlich kein Wässerchen trüben. *tüdelü* Ach ja vielleicht sollte ich mal noch erwähnen, dass hier wirklich nicht alles soooo billig ist. Für meine Beiden Kursbücher habe ich zusammen über USD 80,- bezahlt. Aber was soll's. Da sind die Parkgebühren von USD 55,- pro Semester doch eigentlich ein richtiges Schnäppchen! Im Übrigen sind Anna und Karin noch mit in meinem Kurs. Sie sind auch Au Pairs meiner Organisation und in meinem Cluster. Wir haben uns also vorher schon gesehen. Da kommt man sich doch nicht ganz so alleine vor, wenn man in einen Raum reinkommt und zumindest zwei bekannte Gesichter sieht. ☺

Ich finde es ja immer wieder erstaulich, wie man liebe, kleine, weit weg von der Heimat lebende Au Pairs erfreuen kann. Das ist ganz einfach. *strahl* Man nehme eine superliebe und -besorgte Gastmama; dann noch die Meinung, dass das liebe kleine Au Pair nur glücklich ist, wenn es Dinge bekommt, die es auch kennt (wie Zwieback, Nutella, „*real bread*", etc.) und dann natürlich noch die Gelegenheit diese Produkte zu völlig überteuerten Preisen zu kaufen. Nachdem wir nun alles zusammen haben, freuen wir uns natürlich immer wieder aufs Neue, wenn die Gastmama uns vom Einkaufen wieder irgendetwas Spannendes mitgebracht hat. ☺ Noch vor ein paar Wochen war ich ja der Ansicht, dass mit Kohlensäure versetztes Mineralwasser nichts weiter Außergewöhnliches ist. Mittlerweile bin ich da aber ganz anderer Ansicht! Immerhin grenzt es hier schon fast an ein Wunder, wenn man solches überhaupt auftreiben kann. Aber meine Gastmama hat es doch tatsächlich geschafft!

Nun bin ich hier im Umkreis wahrscheinlich (zumindest gefühlt ;)) das einzige Au Pair, das doch tatsächlich die Möglichkeit hat an solches Wasser zu kommen. Es löst immer regelrechte Begeisterungsstürme anderer Leute aus (wir nennen an dieser Stelle keine Namen, nicht wahr Elli?), wenn sie die beträchtliche Anzahl an fast deutschen Lebensmitteln in unserem Haushalt sehen. Wir haben sogar fast richtiges also „*real bread*"[21] Brot. Ist zwar bloß so ein in Folie verpacktes „Penny"-brotmäßiges Gebäck, aber immerhin besser als die ganze Zeit nur dieses komische weiche, wabblige Toastbrot zu essen. Es ist mir ehrlich gesagt ein Rätsel, wie man das ungetoastet überhaupt essen kann. *schüttel*

Um noch mal auf das Wasser zu sprechen zu kommen: Man trinkt es hier gewöhnlich aus der Leitung. Sozusagen ohne Rücksicht auf Verluste. *grins* Ich persönlich mag das überhaupt nicht. Ich bin auch der Ansicht, dass die heimische Qualität Welten besser ist und da habe ich auch kein

---

[21] Brot war und ist auch heute noch bei unseren Besuchen eines unserer Lieblingsthemen. In den USA findet man selten für Deutsche „normales Brot". Es gibt Weißbrot in sämtlichen Facetten, aber richtiges Bäckerbrot... Das kennen sie einfach nicht. Um meiner Gastmama mein Dilemma begreiflich zu machen, habe ich ihr irgendwann mal gesagt, dass das typisch amerikanische Brot, wenn man es gegen die Wand schmeißen würde, einfach wieder zurückkommt. „*Real bread*" war und ist bei uns beiden das Synonym für halbwegs deutsches Brot. Bei unseren Besuchen haben wir mittlerweile immer einige Brotbackmischungen im Gepäck. ☺

Leitungswasser getrunken. Naja was nicht ist, kann ja noch werden. *We'll see.*[22]

Falls ihr noch Interesse habt euch meine Bilder anzugucken, dann habt ihr nun die Möglichkeit meine Fotos auf einer neuen, wie ich finde einfacheren, Seite zu finden. Da es meinem ältesten Bruderherz anscheinend etwas zu kompliziert war, hat er mir doch tatsächlich eine eigene tolle Adresse verschafft: www.Stefanie-allein-in-amerika.de.vu[23]

---

[22] Das hat sich über das Jahr und die Jahre auch geändert. Zum amerikanischen Leitungswasser muss man wissen, dass das für gewöhnlich unheimlich chlorhaltig ist. Während meines Au Pair Jahres haben wir das Wasser aus dem Hahn getrunken. In vielen Familien gab es damals und mittlerweile gibt es auch in meiner Gastfamilie heute die Möglichkeit, Wasser aus dem Kühlschrank zu „zapfen". Ich meine, dass das qualitativ deutlich besser ist. Der Umwelt zu liebe bin ich mittlerweile auch ein großer Fan einfach unsere Flaschen immer wieder mit Leitungswasser – egal ob Zuhause in Deutschland oder in den USA – aufzufüllen. Spart unheimlich viel Müll, Schlepperei-Arbeit und natürlich schlussendlich auch Geld.

[23] Und ich dachte immer, „das Internet vergisst nie". Ein Grund zum Schreiben dieses Buches war tatsächlich die Tatsache, dass mein Blog nicht mehr zugänglich war und ich lediglich die Mails, die meine Eltern damals (in weiser Voraussicht?!) ausgedruckt hatten, von meinem Jahr übrig geblieben waren. Nichts anderes gilt für die Seite, die damals von mir und für mich und mein Jahr eingerichtet wurde. Davon ist nichts mehr (ohne weiteres) im Internet zu finden. Schade und doch vielleicht gut – so habe ich einen Grund mich noch einmal intensiv mit meinem Jahr und meiner Entwicklung auseinander zu setzen und gleichzeitig die Gewissheit, dass nie-

☺ ☺ ☺ Und nun müsstet ihr auch in der Lage sein euch meine Bildchen zu meinen überaus spannenden Abenteuern anzusehen.

Am Rande erwähnt sei vielleicht noch, dass ich heute festgestellt habe, dass ich nun auch Filme hochladen kann, d.h. ich werde jetzt vermutlich wieder öfter einige kleinere Videos drehen und dann könnt ihr meine Beiden und überhaupt einige Passagen aus meinem amerikanischen Alltag in Aktion erleben. Wann ich das schaffe, weiß ich noch nicht. Ihr wisst ja, ich habe auch noch andere Sachen zu tun. ;)

Apropos, ich habe gestern gebügelt. *glucks* Bügeln ist vielleicht eine spaßige Angelegenheit. Dafür, dass ich davon wirklich überhaupt gar keine Ahnung hab', bin ich der Ansicht, dass gute zwei Stunden für etwa 10 Oberteile und drei Hosen[24] eine richtig gute Zeit sind. *grins* UND ich habe nirgendwo Brandflecken oder sowas hinterlassen! *Stolz-guck* Das Haus steht noch und die 911 musste ich auch bisher nicht rufen. Obwohl ich gar nicht weiß, was ich denen dann erzählen sollte. Vielleicht haben die ja dort Dolmetscher?! ☺

---

mand „einfach mal so" über mein früheres Leben stolpert. ;)

[24] Meine Beiden waren zu dem Zeitpunkt auf einer christlichen Privatschule, die Schuluniformen – natürlich gebügelt – vorsah. Das war Teil meiner Aufgaben-Routine. Und nein, ich habe mir nicht angewöhnt Bügeln in mein normales Leben dauerhaft zu integrieren. Nichtsdestotrotz kann ich seit meinem Au Pair Jahr auch bügeln, was ab und an – meist für meinen Mann – auch tatsächlich zum Einsatz kommt. ;)

So, als letztes muss ich euch jetzt noch unbedingt mitteilen, dass ich heute seit bestimmt fünf Wochen oder sogar noch länger (wie lange bin ich jetzt eigentlich schon hier??) das erste Mal Klavier gespielt habe! *strahl*

Also, ich will euch jetzt nicht noch länger davon abhalten irgendwelche bestimmt „furchtbar wichtigen" Sachen zu tun, aber falls ihr mal wieder Langeweile verspüren solltet, dann könnt ihr euch bei Gelegenheit melden.

Bis dahin viele liebe Grüße von der sehnsüchtig auf Post wartenden

Stefanie aus Amerika

Deutsch-Amerikanische Philosophien

Allein in Amerika... (10) – 13. September

Guten Morgen liebe „ehemalige" Mitmenschen!

Seid ihr auch schon alle wach? Oder seid ihr schon wieder im Begriff euch für eure wohlverdiente Nachtruhe vorzubereiten? Ich habe festgestellt, dass die ganze Zeitverschiebung einen richtig konfus macht. Ist das nicht total unlogisch, dass es hier bei mir, also über 6000 km von den meisten von euch entfernt, immer genau sechs Stunden später ist? Ich meine, wenn mich meine Mama anruft, dann ist es bei euch später Nachmittag oder Abend und bei mir hat der Tag gerade erst begonnen. Dann erlebt man ja sozusagen die Vergangenheit bzw. der andere die Zukunft parallel zum Jetzt. Ich wollte euch jetzt nicht unnötig verwirren. Mir kam nur gerade dieser doch recht großartige Gedanke. *glucks*

Nachdem ich nun schon von vereinzelten *„Allein in Amerika"*-Lesern um eine evtl. vorhandene Telefonnummer gefragt wurde, kommt nun eine Anleitung, wie ich zu erreichen bin. Um euch unnötig hohe Telefonkosten zu ersparen, solltet ihr einen kurzen Blick auf die sich leider ständig ändernden Billigvorwahlen auf www.tariftip.de[25] werfen. Als

---

[25] Während meines Auslandsjahres, also 2006, gab es noch keine Smartphones wie heute. Internet war – wie man an den Mails ja sehr gut sehen kann – schon super für die Kommunikation und den Kontakt nach Hause. Al-

„Entfernung" gebt ihr einfach USA ein. Zurzeit haben wir da beispielsweise die 010058 und die 01071 mit jeweils einem Cent pro Minute, aber wie gesagt, die ändern sich immer, also vorher nochmal gucken.

Alles klar? Ganz einfach. Am besten ihr ruft unter der Woche zwischen 10 und 14 Uhr an, das wäre dann zwischen 16 und 20 Uhr mitteleuropäische Zeit. Da könnt ihr davon ausgehen, dass kein anderer ans Telefon geht, falls euch das irgendwie abschrecken sollte. Ich weiß aber nicht, ob ich immer da bin, also am besten einfach mal kurz vorher „anmelden". Das war's eigentlich schon. Nun sollte einem Telefongespräch doch nichts mehr im Wege stehen, oder? ☺

Desweiteren wurde ich doch letztens gefragt, was ich schon alles kaputt gemacht habe. Also wirklich, sehe ich so aus als würde ich hier irgendwelche Sachen freiwillig und vielleicht auch noch mit böser Absicht kaputt machen? Natürlich nicht! Das passiert nun mal, aber ich mach' das wirklich nicht mit Absicht! Ganz ehrlich! Also als erstes ist mir glaube ich gleich in der ersten Woche ein Glas runtergefallen. *tüdelü* Das ist mir aus dem Schrank gefallen. Dann tauchte letzte Woche in „meinem" Auto ein mysteriöses Lämpchen auf und das ist bis heute noch nicht wieder verschwunden. ☹ Allerdings trifft hier auch wieder mal die Aussage „*alle guten Dinge sind drei*" zu. Obwohl das mit dem „Gut" mal wieder relativ zu betrachten ist. Wir haben hier im

---

lerdings war mal eben ein kurzer WhatsApp Chat oder ein Videoanruf damals noch undenkbar. Im Laufe meines Jahres kam allerdings Skype so langsam in Mode.

Keller ein lustiges Gerät zum Feuchtigkeit fernhalten. Also damit es da unten halt nicht so feucht wird und das ist auch kaputt gegangen. Ich habe es höchstens mal angeguckt, aber noch nicht mal berührt. Ach ja und der dritte im Bunde ist der DVD-Player. Der ist einfach kaputt gegangen. Vielleicht umgibt mich auch eine negative Technik-Aura, der alle Sachen um mich herum nachgeben? Übrigens nur mal am Rande bemerkt, das Haus steht noch! Das ist doch schon mal ein Grund zum Feiern. *thumbs up*

Ach ja, vielleicht ist es ja einigen von euch schon aufgefallen und erwähnt hatte ich es letztens glaube ich auch schon. Ich habe seit letzter Woche auch die Möglichkeit Videos auf meine Bilderseite hochzuladen! Außerdem habe ich mir die Freiheit und Zeit genommen wenigstens einige meiner Bilder zu beschriften. Es ist bestimmt interessanter, auch einige Begebenheiten zu den Bildern zu erfahren.

Einige der letzten Bildchen beschäftigen sich mit dem Thema „Einkaufwahnsinn in einem fast normalen amerikanischen Laden". Genauer gesagt, handelt es sich dabei allerdings nicht um einen normalen Laden, sondern um den *Commissary*. Dieser ist nur Militärangehörigen also „*militaries*" zugänglich. Da meine Gastmama nun aber zu dieser seltenen Spezies gehört, können wir da auch drinnen einkaufen. Wie sie mir erzählt hat, bringen ganz viele Amerikaner deutsche und etwa auch thailändische Frauen von ihren Auslandsaufenthalten mit. So ist es nicht weiter verwunderlich, dass es dort mehr ausländische Produkte zu finden gibt. Ich habe da mal ein paar Beispiele dokumentiert. Auf dieser spannenden Entdeckungsreise durch Einkaufsregale wurden meine Gastfamilie und ich von Elli begleitet, die mich tatkräftig mit „*oohhs, ahhs*" und „*ui guck mal, das haben die hier auch*" unterstützte.

Lasst uns nochmal auf eines meiner Lieblingsthemen zu sprechen kommen, den Straßenverkehr und die, wie mir scheint nicht vorhandenen dazugehörigen Regeln. Also hier existieren keine Regeln wie „rechts vor links" um den Verkehr auf kleineren Straßen zu regeln. Nein, aber es gibt hier unheimlich viele, meiner Meinung nach sinnlose, Stop-Schilder. Natürlich werden diese von allen Autofahrern ganz gekonnt ignoriert. Wenn man Lust hat, dann bremst man mal ein kleines bisschen ab oder man fährt einfach weiter, wenn nichts kommt. Interessanterweise kann man diese mit den Stop-Schildern versehenen Straßen eigentlich alle ohne Probleme einsehen. Keine Ahnung wo genau nun eigentlich das Problem liegt.[26] *Schulterzuck* Aber vielleicht versuchen sie ja auch nur alle gleich zu behandeln. Immerhin entsteht mit Hilfe dieser „Stop"-Schilder so etwas wie ein

---

[26] Hier handelt es sich mal wieder einfach um eine andere Regelung als die für Deutsche so normale Rechts-vor-Links. Wer zuerst an der Kreuzung ankommt, der darf dann auch zuerst drüber fahren. Es entwickelt sich gewissermaßen ein Reißverschluss-System, in dem keine der Straßen bevorzugt wird, sondern grundsätzlich alle gleichberechtigt nacheinander ein Auto heraus lassen. Es hat wie immer alles seine Vor- und Nachteile. Allerdings wirkt es auf „anders gewöhnte" Autofahrer doch sehr befremdlich. Was ich aber über die Jahre gelernt habe, ist nichts mit Vorurteilen als Quatsch oder Blödsinn abzutun. Meistens steckt ein gewisses Maß an Überlegung dahinter, das sich aber nicht zwangsweise sofort erschließt. ;)

Reißverschluss-System. Aber ob die sich das wirklich schon so gedacht haben? Vielleicht habe ich das gerade als erste erkannt und die Amis freuen sich nur über ihren unnötigen Schilderwald? Wenn man schon nicht so viel sonst für die Natur übrig hat?

Ich habe übrigens letztens festgestellt, dass man sich in einem amerikanischen Auto nicht auf die Suche nach einem hinteren Scheibenwischer machen sollte. Den findet man auch nach minutenlangem Suchen nicht. Scheinbar haben sie ihn bei den meisten Autos schlichtweg vergessen. Ich meine, wer braucht den schon? Guckt ja doch keiner in den Rückspiegel und überholen kann man auch nicht auf allen vorhandenen Seiten?![27] *Ironie-aus* Das wäre ja schon blöd. Aber gut, die Amis fahren gefühlt sowieso wie sie wollen. Mittlerweile überrascht es mich auch nicht mehr, wenn vor oder hinter mir plötzlich ein Auto auftaucht. Hier muss man mit allem rechnen und vor allen Dingen damit, dass die scheinbar sowieso nicht vorhandenen Verkehrsregeln ganz gekonnt ignoriert werden! Der Blinker ist nur ein zusätzlicher lustiger Hebel am Lenkrad, damit es dort nicht so leer wirkt. Das linke Bein hat man auch nur, damit man beim Stehen und Laufen nicht umfällt. Habe ich schon erwähnt, dass es hier teurer und komplizierter ist ein normales Auto mit

---

[27] In Amerika darf man auf allen Seiten überholen. Wenn man nun als Deutscher gewöhnt ist, dass etwa nur links Autos an einem vorbeifahren dürfen, ist man jedes Mal überrascht, wenn auf einmal rechts ein Auto an einem vorbeizieht. Ganz ehrlich? Damit rechnet der typische deutsche Autofahrer einfach nicht.

Gangschaltung[28] als eins mit Automatik zu kaufen?
Und überhaupt ist in Amerika alles immer sehr nah,
sehr billig und unkompliziert! Ja ja, ich weiß.

So, bevor ich es vergesse, erzähl' ich euch noch
kurz von unserem letzten Cluster-Treffen. Es
handelte sich hier um ein Picknick. Unter freiem
Himmel und mit unheimlich vielen Au Pairs und
ihren Familien. Diesmal war es nicht nur unsere
Gruppe, sondern auch die Nachbar-Cluster. Soll
heißen, ich habe unter anderem Annie und auch
Nellie getroffen und natürlich auch die Au Pairs aus
unserem Cluster. Um mir ein echtes amerikanisches
Erlebnis zu verschaffen, hat meine Gastmama auch
extra „*finger food*" gekauft. *Fried chicken* von KFC.
Sie macht sich nach wie vor einen Spaß daraus mich
mit Besteck bzw. mit den Fingern Essen aufzuziehen.
Die Krönung des Picknicks war dann, dass es KEINE
Messer gab. Dafür aber „*sporks*" eine Mischung aus
Gabel (= *fork*) und Löffel (= *spoon*). Super
praktisch… braucht man nicht mal mehr das
Besteckteil zu wechseln. *Ironie-aus* Es war
jedenfalls schön die anderen wieder gesehen zu
haben. Das nächste Mal nehme ich aber vielleicht
doch lieber ein eigenes Messer und eine Gabel mit.

---

[28] Die meisten Amerikaner fahren Automatik-Autos. Es ist
sehr ungewöhnlich ein „normales" Gangschaltungsauto
– *stick shift car* – zu finden.

Ich wünsche euch jedenfalls noch einen wunderschönen Abend! Ich werd' jetzt noch den Kühlschrank für mein Mittagessen plündern und dann meine Nachbarschaft in Alarmbereitschaft versetzen. *grins* Ich muss noch bügeln. Immerhin habe ich bislang noch nichts abgebrannt und das soll schon mal was heißen.

Viele liebe Grüße, wie immer auch an alle, die ich jetzt nicht unbedingt persönlich erreiche! Macht's gut, habt noch eine schöne Woche und meldet euch mal wieder bei eurer

Stefanie

Ein Essay zum amerikanischen Straßenverkehr

Allein in Amerika... (11) – 18. September

Hallöchen ihr alle, die ihr vor euren Bildschirmen sitzt und meine Mail lest!

Ich freu' mich natürlich immer euch an meinem Leben hier in der großen weiten Welt teilhaben zu lassen. Ganz wirklich. Ich meine, wenn ich vorm Computer sitze und euch meine Erlebnisse mitteile, dann denke ich schon manchmal, dass es eigentlich richtig *unbelievable* *glucks* (ganz die Gastmama) ist hier zu sein und so viel kurioses Zeug zu erleben. Immerhin ist das doch alles so ganz anders als Zuhause.*seufz*

Heute beschäftigen wir uns mal wieder mit vielen spannenden und total abgedrehten Themen und Begebenheiten. Mal sehen, was wir da so interessantes für euch haben.

Als erstes muss ich euch darauf hinweisen, dass es mein Brüderchen doch tatsächlich geschafft hat, meine beiden Seiten (also das Fotoalbum und meine neueste Errungenschaft, mein Tagebuch[29] *Stolz-

---

[29] Zu Beginn meines Jahres habe ich Rundmails geschrieben, später habe ich einen Blog ins Leben gerufen, der die ersten Mails und später die hier weiter unten zu findenden Einträge enthielt. Leider scheint der Anbieter nicht mehr zu existieren. Auch nach mehrfacher Recherche im Internet waren meine Einträge nicht mehr zu finden. Wie schon erwähnt, war das aber gleichzeitig für mich

guck*) miteinander zu verlinken. Er hat sogar extra seinen Praktikumsbericht weiter vor sich hergeschoben. *grins* Ist das nicht lieb? Jedenfalls bin ich – naja, jedenfalls alles was digital zu mir gehört *glucks* – auf www.Stefanie-allein-in-amerika.de.vu zu finden. *strahl* Jetzt könnt ihr euch auch in mein ganz eigenes Gästebuch einschreiben. *Luftsprung*

Es ist in dieser Woche das Unglaubliche passiert: Ich kleines Dorfkind war doch tatsächlich in der Hauptstadt des wahrscheinlich größten Landes der Welt. (Bitte lasst mich in dem Glauben, auch wenn's nicht ganz stimmen sollte.) Ja, ganz wirklich und ohne zu flunkern. Ich war in Washington DC. Das Wetter war zwar nicht so toll und wir waren nur im Zoo, in dem allerdings bedeutend mehr Menschen als Tiere zu finden waren. Die Tiere hatten bestimmt Urlaub oder sowas. *grübel* Aber ich war in DC. **thumbs up** Wir (d.h. Elli, Annie und ich) sind diesmal nicht auf dem Wasser gepaddelt, sondern wir sind durch den teilweise leichten Nieselregen gelaufen. Irgendwie scheint uns unser liebes Wasser zu verfolgen. Aber gut, fangen wir mal mit unserem Hinweg an. Nachdem Elli mich doch recht kurzfristig zu diesem Ausflug überredet hatte, saßen wir eigentlich auch schon im Auto und fuhren Richtung Alexandria um dort Annie zu treffen. Als ich nun ein weiteres typisches Au Pair-Zimmer kennengelernt hatte (da gibt es immer Unmengen an Fotos, Bildern und Postkarten aus anderen Ländern...), sind wir mit Annies Auto (das ist so cool, aber ich fürchte, ich

---

der Grund nochmal alles zusammenzuschreiben bzw. dieses Buch viele Jahre später in eine ansehnliche Form zu bringen.

habe kein Foto gemacht. Naja, beim nächsten Mal, versprochen!) zur nächstgelegenen Metrostation gefahren. Ja, zur Metro, aber nicht nach Paris. Ich vermute, dass könnt ihr euch auch alleine denken. Nachdem wir uns durch den Fahrkarten-Dschungel gekämpft hatten, sind wir mit der Metro nach DC gefahren. Das Erstaunliche an der Sache ist nun eigentlich, dass die öffentlichen Verkehrsmittel richtig sauber sind. Ich meine, kein Papier oder Kaugummis. Ich fand es lediglich ein bisschen verwirrend mich mit diesem System zurechtzufinden. Für sowas brauche ich ja immer eine Weile. *seufz* Letztendlich brauchte ich mir aber keine Gedanken zu machen, da die beiden das super im Griff hatten. ☺ Mittlerweile habe ich das Metro-System auch ganz gut verstanden. Der Zoo an sich war meiner Meinung nach nicht so der große Hit, aber immerhin mussten wir keinen Eintritt zahlen[30] und somit sollte man oder besser kostenbewusstes Au Pair sich nicht beschweren. *grins* Mal sehen, was wir uns das nächste Mal angucken. *freu*

Den gleichen Tag waren wir abends noch in Manassas und haben uns eine Magic-Show angeguckt, von der ich euch auch ein paar Eindrücke in meinem Fotoalbum mitgebracht habe. Also, falls ihr mal einen richtigen amerikanischen Zauberer sehen wollt, viel Spaß.

Dann waren wir am Donnerstag auch noch beim Kieferorthopäden. Ihr wisst schon, der Typ, der

---

[30] Washington DC hat unheimlich viele Museen und andere öffentliche Einrichtungen, die man ohne Eintritt zu zahlen besuchen kann.

meinte, dass mein Deutsch im Gegensatz zu seinem richtig gut klingt. Bei der Gelegenheit habe ich festgestellt, dass es noch eine weitere Schwester gibt, die Deutsch spricht. Sie hat 14 Jahre in der Nähe von Frankfurt am Main gelebt und konnte es überhaupt nicht verstehen, warum ich nur ein Jahr hier bleibe. *Schulter-zuck* Für die nächsten 14 Jahre möchte ich nicht unbedingt hier bleiben. Jedenfalls hat Michelle nun ihre neue Spange und einige ihrer ersten Sprechversuche könnt ihr euch ebenfalls im Fotoalbum angucken. Ich sag' nur „Spaghetti".

Habe ich euch eigentlich schon mal was von unserer gefräßigen Spüle erzählt? Wirklich, die schluckt scheinbar alles, was sie kriegen kann. Sozusagen alles, was nicht Bobo vorher schon bekommt. Also doch ziemlich viel. Ich versteh' zwar ehrlich geschrieben immer noch nicht, warum Amerika – das Land, das von sich ja scheinbar doch denkt am fortschrittlichsten zu sein – nicht in der Lage zu sein scheint eine ganz banale Mülltrennung umzusetzen… Das ist aber auch egal, immerhin haben wir ja genug Rohstoffe für DIESES Land und auch genug Platz um den ganzen Müll auf Deponien zu stapeln und so neue Berge zu errichten. Wie dem auch sei, um ihren „Kompost" zu entsorgen, haben sie hier ihre gefräßigen Spülen. Natürlich könnte man den ganzen Müll einfach in die Mülltonne befördern, aber wenn man die Spüle benutzt, dann hat man meistens einen nicht so weiten Weg, es bringt Abwechslung und es hat den Anschein, dass es sich hierbei um Mülltrennung handelt. Ich habe denen allerdings noch nicht verraten, dass das nicht so ganz stimmt, aber bei nächster Gelegenheit werd' ich das mal in Angriff nehmen![31]

Und von den vielen lustigen Briefkästen, die es hier gibt? Als erstes gibt es blaue, große Briefkästen. Die entsprechen unseren „normalen" gelben Briefkästen. Die stehen hier eher ziemlich rar herum, sehen aus wie Papierkörbe und werden von keinem wirklich benutzt. Warum? Für gewöhnlich verwendet man zum Versenden der gemeinen Post die Hausbriefkästen. Man nehme einen Brief oder eine Karte, trage sie mit richtiger und GUT LESERLICHER Anschrift, sowie Briefmarke versehen zum Briefkasten und lege sie hinein.

---

[31] Mülltrennung und generell Müll war für mich während meines Jahres immer wieder ein schmerzhaftes Thema. Immerhin habe ich es geschafft bei meiner Gastfamilie und allen voran meiner Gastmama mehr Bewusstsein zu wecken. Für gewöhnlich findet keine Mülltrennung, in dem Sinne wie wir sie kennen, statt. Es wandert einfach alles in ein und denselben Müllbeutel und dann in eine Tonne. Dabei ist es egal, ob es sich um Papier, Plastik oder Biomüll handelt. Meine Gastmama legt aber mittlerweile sehr viel Wert darauf, soweit möglich Rohstoffe zu trennen und die einzelnen Komponenten den richtigen Entsorgern zukommen zu lassen. So wurden beispielsweise bereits während meines Jahres die Plastik-Getränke-Flaschen separiert. Papierservietten wurden gänzlich eingestampft und durch waschbare Stoffservietten ersetzt, die auch heute noch genutzt werden. Heute, mittlerweile in einem anderen Bundesstaat lebend, werden Papier/Pappe sowie auch die Plastikflaschen fein säuberlich getrennt. Wenn ich so darüber nachdenke, dann ist das schon ein schönes Gefühl langfristig (wenn auch nur in einem Haushalt, aber immerhin) etwas bewegt zu haben. ☺

Anschließend wird das rote Fähnchen, das sich an einer Seite bei allen diesen Dingern befindet, nach oben geklappt. Wenn das Postauto dann kommt, stopft der Postbote nicht nur die Post in den Briefkasten, sondern holt erstmal die geschriebene Post heraus und nimmt sie mit. Nach der Leerung klappt er dann die Fahne wieder runter. Jetzt sollte man natürlich noch wissen, dass die amerikanischen Postautos nicht gelb, sondern weiß sind (och menno, wie langweilig), aber die Fahrer sitzen auf der rechten Seite, damit sie den Briefkasten im Sitzen erreichen können. Und so kommt meine Post zu euch nach Deutschland oder wo auch immer ihr wohnt. ☺

Ich habe euch natürlich auch wieder neue Geschichten aus meiner Lieblingsrubrik „der amerikanische Straßenverkehr" mitgebracht. So zunächst das Fernlicht. Es ist ja eigentlich gedacht um in Abend- bzw. Nachtstunden schlecht beleuchtete Straßen besser einsehen zu können. War ich jedenfalls in Deutschland immer der Ansicht. *grübel* Mittlerweile haben wir natürlich schon alle festgestellt, dass es hier in Amerika NATÜRLICH anders ist oder zweifelt da noch irgendjemand dran? ;) Falls sich jetzt jemand denkt „JA", dann sollte dieser jemand umgehend einen Flug über den Ozean buchen. Jedenfalls bin ich mir über die amerikanische Funktion eines Fernlichtes noch nicht so ganz klar. Wahrscheinlich sind unsere lieben amerikanischen Nachbarn der Ansicht, dass hier alle Straßen genügend ausgeleuchtet werden; ganz im Gegensatz zu mir, aber auf mich hört ja sowieso keiner. *grummel* Wenn ich nun z.B. auf dem Rückweg von meinem Collegekurs mein Fernlicht anhaben möchte, dann muss ich mich darauf einstellen, dass ich innerhalb der nächsten paar Meter entweder einen Krampf in der linken Hand bekomme oder lieber doch ohne weiter fahre. Es ist mir unmöglich dieses Licht „permanent" einzustellen. Natürlich gibt es auch hier wieder Ausnahmen: Elli beispielsweise hat ein richtiges Fernlicht.[32]

Desweiteren muss ich euch noch etwas zur hiesigen Ampelschaltung erzählen. Es gibt hier tatsächlich GELBES Licht. Allerdings nur, wenn die Ampel von grün auf rot wechselt. Wenn sie nun aber von rot zu grün wechselt, dann fällt das gelbe Licht aus. Da muss man schon warten bis es wieder rot wird, um es sich dann doch mal zu sehen. Aber ich muss mir das gelbe Licht nicht soooo dringend ansehen. Das passt schon. Übrigens scheint hinter dem Ampelschaltsystem wieder mal kein erkennbares System zu stecken. Ich meine, es gibt keine „grünen Wellen" und die Linksabbiegerpfeile schalten mal parallel zu den „Geradeausspuren" und mal nicht und das an ein und derselben Ampel. Naja, alles sehr verwirrend. Von den Fußgängerampeln möchte ich lieber gar nicht erst reden. Die habe ich immer noch nicht so richtig verstanden. Da gibt es mindestens, sagen wir einfach mal, unheimlich viele verschiedene, also nichts Einheitliches. Warum auch? Ich meine, Fußgänger siehst du sowieso nicht. Wir haben ja alle ein Auto, richtig?[33]

---

[32] Ich bin mir mal wieder mit dem dazugehörigen Abstand sicher, dass es auch bei diesem Auto einen Trick gab. ;)

[33] Tatsächlich sind die meisten Straßen nicht für Fußgänger gedacht und ausgelegt. Es ist auch in Wohngebieten e- her untypisch Fußwege zu sehen und dann auch noch

Meine Lieben, ich hoffe, ich habe euch mal wieder ein bisschen mit meinem neuen Leben verwirrt, natürlich im positiven Sinne! Natürlich freu' ich mich auch weiterhin immer über Post! Ihr wisst ja nun wie das hier funktioniert und wenn ihr mal Zeit habt, dann könnt ihr ja mal was Nettes in mein Gästebuch schreiben!

Viele liebe Grüße, genießt den Rest des Sommers und lasst bei Gelegenheit mal wieder was von euch hören!

Eure sich hier immer noch wohlfühlende
Stefanie aus Amerika

Fußgänger. Gefühlt wird jede noch so kleine Entfernung mit dem Auto zurückgelegt. Hier spielt wieder rein, dass die Entfernungen für gewöhnlich sehr groß sind, wenn auch alle immer behaupten, dass es nah dran wäre („*American close*").

Horizonterweiterung: Washington DC

Allein in Amerika... (12) – 27. September

Tuuuuut tuuut! (Das ist jetzt der Dampfer auf dem großen Wasser zwischen uns.) Ahoi, ihr europäischen Landratten! Ich hoffe, euch geht es allen super und es sind keinerlei Anzeichen von Seekrankheiten erkennbar. Falls doch, dann möchte ich auf diesem Wege gute Besserung wünschen! *Blümchen-reich*

Da es scheinbar wirklich noch Menschen gibt, die sich ernsthaft ihre Gedanken über meinen Verbleib machen, *staun* (an dieser Stelle ein DANKE an alle, die sich angesprochen fühlen! ;)) möchte ich mich doch endlich mal wieder aufraffen eine meiner hoffentlich heißbegehrten „Allein-in-Amerika"-Mails zu schreiben.

Vielleicht beginnen wir einfach mal mit meiner Entdeckertour durch Washington DC, der Hauptstadt der gesamten USA. Ja, es ist mal wieder unglaublich, ich weiß, dass ich kleines Dorfkind es tatsächlich an einen sooooo bedeutenden Platz auf unserem geliebten Erdball geschafft habe. Das Beste ist aber sicherlich die Tatsache, dass ich Dank meiner persönlichen Stadtführerin, Elli, es sogar fertig gebracht habe mich NICHT zu verlaufen![34] *thumbs up*

Wir waren zunächst im Holocaust-Museum. Ein, wie ich finde, immer noch sehr bedeutendes Thema in der Weltgeschichte und deshalb auf alle Fälle einen Besuch wert! Allerdings haben mich die Kontrollen am Eingang zunächst ein bisschen an der „Notwendigkeit" zweifeln lassen. Wenn ihr meine Mails verfolgt habt, dann solltet ihr auch mittlerweile festgestellt haben, dass ich mit sämtlichen „Kontroll-PIEPS-Dingern" auf Kriegsfuß stehe. Und natürlich war am Eingang dieses Museums ein solches Piepsding nebst vier Wachmännern. Es ist übrigens erstaunlich, wie grimmig diese Sicherheitsleute immer aussehen. Ich meine, die Amerikaner gelten ja eigentlich überall als sehr freundlich und stets kontaktfreudig. Also als NETT und dann steht da so ein *Security*-Mensch vor dir und dein Lächeln gefriert dir auf den Lippen. Ich bin dann immer ein kleines bisschen panisch. Man kann ja nie wissen, was sich noch alles ganz vergessen im Rucksack befindet, was aber gerade an dieser Kontrolle verboten ist. Dann schießen mir auch immer solche Gedanken durch den Kopf, wie „Habe ich meine Fingernagelschere ausgepackt?". Nichts für ungut, aber diese Sicherheitskontrollen verunsichern mich eher als dass sie mir ein Gefühl von Sicherheit vermitteln. Jedenfalls kam dann die Stunde der Wahrheit: Erst habe ich mich ja noch erfolgreich hinter Elli

---

[34] Mein Orientierungssinn ist quasi nicht vorhanden. D.h. ich verlaufe mich ständig bzw. war das zu Zeiten ohne internetfähiges Handy mit Navi ein ständiges Thema. Dieser Kommentar hatte also durchaus seine Berechtigung. :)

verstecken können, aber das hielt leider auch nicht ewig. Ein grimmiger Mensch wies mich „freundlich" *zitter* darauf hin, dass ich gefälligst an der Tür warten sollte und dann meine Habseligkeiten auf die fließbandmäßige durch die Durchleuchte-Kontrolle laufende Beförderungsanlage stellen sollte. *Angst* Gesagt, getan. Also, ich habe mein Zeug total verschüchtert darauf gelegt und (an)gespannt gewartet. Dann musste auch ich mich durch den von mir so verhassten PIEPS-Durchgang begeben... und... nicht gepiepst. Puh. Ich war in diesem Moment so froh, dass ich meine Jeans anhatte. *aufatme* Allerdings war es uns nicht gestattet bereits geöffnete Flaschen mit in das Museum hineinzunehmen. So musste ich mehr oder weniger auf ex meine Kombination aus Wasser und irgendwelchem zuckerfreien Möchtegern-Diätfruchtsaft hinter kippen. War ich in dem Moment froh, dass es hier kein Pfand gibt. ;) Ich musste meine Flasche dann außerhalb des Gebäudes entsorgen. 25 Cent wegzuwerfen hätten mir in dem Moment wirklich wehgetan. Ach ja und die Natur sollte man schließlich auch nicht unnötig verschmutzen. Soll heißen, dass ich meine Flaschen eigentlich immer wieder auffülle und nicht ständig eine neue kaufe. Da fällt mir ein, dass ich das denen hier immer noch nicht so richtig verklickert habe. Naja, bei nächster Gelegenheit.

Die Ausstellungen an sich waren richtig gut. In der ersten wurde die ganze Geschichte aus der Sicht eines Kindes erzählt und in der zweiten konnte man sich auf die Spuren einer realen Person machen. Am Eingang erhielt man ein kleines Büchlein, in dem die

Geschichte der Person niedergeschrieben war und so konnte man sich in der Ausstellung nicht nur allgemein, sondern auch noch individuell mit einer Person und deren Erlebnissen in dieser schrecklichen Zeit auseinandersetzen. Vielleicht sollte man an dieser Stelle noch erwähnen, dass die meisten Museen und öffentlichen Einrichtungen in Washington DC, wie auch das Holocaust-Museum, keinen Eintritt nehmen. ☺

Da wir dann noch ein wenig Zeit hatten, musste mir Elli unbedingt das „Weiße Haus" zeigen. Wusstet ihr, dass es keine identische Vorder- und Rückansicht hat? Die Seite, die immer im Fernsehen gezeigt wird, ist die unzugänglichere. Aber Dank meiner persönlichen Stadtführerin kenne ich nun beide und habe mal wieder das typische „*Sardinen-in-der-Büchse*"-Gefühl zu spüren bekommen. Wenn man sich mit den Leuten ansatzweise schon schlägt um auch mal ganz vorne am Zaun für sein Erinnerungsfoto zu stehen, kommen Erinnerungen an „früher" im Schulbus hoch.

Vielleicht sollte ich euch an dieser Stelle auch noch mitteilen, dass es vor dem „Weißen Haus" eigentlich ständig Demos gibt. Da wir beide ja nun mal so rebellisch aussehen *glucks*, wurden wir doch auch prompt gefragt, ob wir nicht mal für ein paar Minütchen so ein Protestschild halten wollten. Ähm, ja, nicht wahr, warum eigentlich nicht? *Ironie-aus* Immerhin haben wir ja ein *Visumsa* und da können wir uns auch mal so was erlauben. Wollte ich übrigens schon immer mal machen und dann kommen die MIB und „blitzdings"en uns. Okay, der ist geklaut, passt aber. *grins* Jedenfalls haben wir dankend abgelehnt.

Ach ja, da mir diese Woche mal wieder ein ganz klitzekleines bisschen langweilig war – ich weiß *unbelievable* – habe ich mit tatkräftiger Unterstützung einiger lieber Mitmenschen (wenn diese auch sehr weit weg sind) an meiner Homepage rumgebastelt. Vielleicht habt ihr das jetzt auch schon gesehen. Jedenfalls kann ich mich nunmehr als glücklicher Besitzer eines richtigen, virtuellen Gästebuches und eines Forums fühlen. *freu* Also, ihr könnt jederzeit gerne euren Senf dazugeben.

So, ich finde, ich habe jetzt genug geschrieben. Immerhin wisst ihr nun, dass ich noch am Leben bin. Jetzt seid ihr mal wieder an der Reihe.

Viele liebe Grüße von der sich total über ihre tolle Homepage freuende
Stefanie aus dem Land hinter dem großen Teich!

Die alltäglichen wundersamen Begebenheiten

Allein in Amerika... (13) – 10. Oktober

Liebe Erdenbürger,

auch wenn ihr euch auf einem anderen Kontinent befinden solltet, möchte ich euch nur mal wieder wissen lassen, dass ich immer noch am Leben bin. Ich weiß, es hat nun schon wieder eine ziemliche Zeit gedauert, dass ich mich am Computer eingefunden habe, aber nun habe ich es ja geschafft!! *thumbs up* Ich muss jetzt allerdings sagen, dass wir hier mit kleineren Problemchen zu kämpfen hatten. Ich weiß, ich weiß, wenn ich jetzt sage, dass es nicht meine Schuld war, dann glaubt mir das sowieso keiner, aber... unser Computer war kaputt und als der Bildschirm zu flimmern begann und dann für immer seine Lebensgeister aushauchte, saß ich leider direkt davor. Ich versuchte gerade mit meiner Außenwelt zu kommunizieren... Apropos, wenn mittlerweile noch irgendjemand ICQ[35] haben sollte, dann einfach mal Bescheid geben. Jedenfalls flackerte auf einmal das Licht und der Bildschirm und im nächsten Moment ging da nichts mehr... Oh menno, meine blöde

---

[35] ICQ war die damals gängige Form der online Kommunikation. Vorgänger von Skype und WhatsApp auf dem Rechner sozusagen. Zum damaligen Zeitpunkt eine mega Erfindung.

negative Energie.[36] ☹ Jedenfalls haben wir nun einen neuen Monitor, sogar einen Flachbildschirm. *staun* Ja ja, jetzt haben wir noch mehr Platz um unsere Zettel und allen anderen möglichen Krimskrams im Office zu verteilen. Ist das nicht cool? *glucks* Eigentlich wollte meine Gastmama ja einen ganz neuen Computer kaufen, aber da sich scheinbar keiner in dem Laden für sie interessierte, hat sie nun doch nur einen Bildschirm gekauft. Das Ding funktioniert übrigens. Ich meine, ich und Technik, das ist ja nun schon eine Kombination, die eigentlich nicht zusammen funktioniert. *grins* Aber wenn man sich das jetzt noch in doppelter Ausführung denkt... Lassen wir das lieber, ich will euch ja nicht noch unnötig verwirren. *glucks*

Dann waren wir heute auf dem Spielplatz. Wir hatten zwar erst eine ziemlich krasse Diskussion. Kann ja nicht angehen, dass wir die ganze Strecke laufen.[37] Das waren vielleicht 15 Minuten... also für

---

[36] Meine Gastmama nahm das zum Glück immer sehr gelassen. Nichtsdestotrotz hatte ich in dem Jahr den Eindruck, dass ich ständig Sachen entschärfte. Worauf man halt seinen Fokus legt. ;)

[37] Es gab öfter solche Situationen in denen deutsches und US-amerikanisches Denken/Verhalten aufeinander geprallt sind. Mit dem Auto zum Spielplatz zu fahren fand ich sehr albern, weil er doch „um die Ecke" war. Wiederum war und ist das ein sehr deutsches Denken. Drüben wird gefühlt jeder Meter mit dem Auto zurückgelegt. Ok, die Fußwege sind nicht wirklich für Fußgänger ausgelegt, wenn sie denn existieren... aber warum sollte man denn bitte zum Bewegen mit dem Auto irgendwohin fahren? Ganz beliebt ist dieser „Sport" v.a. bei Fitnessstudio-

hiesige Verhältnisse eine unglaubliche Entfernung. Schlussendlich konnte ich dann doch meine Beiden davon überzeugen zu laufen und auf dem Rückweg haben wir dann mit Ablenkungsmanövern nach dem Motto „wie bringe ich Kinder dazu, dass sie weiterlaufen, auch wenn sie nicht mehr wollen"- Klassiker *„ein Hut, ein Stock, ein alter Mann; vor, zurück, zur Seite, ran"* ins Englische übersetzt und auch den letzten Rest des Weges mit guter Laune überstanden. Selbstredend, dass wir das dann auch gleich der Gastmama vorgeführt haben.

Besuchern. Sie fahren mit dem Auto die paar Meter bis zum Studio um sich dann dort sportlich zu betätigen. Für mich immer noch eine verfehlte Denkweise. Aber meine Gastfamilie hatte sich relativ schnell an meine Einstellung gewöhnt und auch echt viel mitgemacht.

Heute war übrigens Columbus-Day, d.h. meine Beiden hatten schulfrei und auch Regierungsmenschen haben scheinbar frei. Einigen wir uns also auf einen staatlichen Feiertag. Allerdings sind die meisten, also eigentlich alle, Geschäfte trotzdem geöffnet. Einkaufen gehen, Massagen... kann man heute alles machen. Also wirklich nur ein Feiertag um noch mehr Sachen zu konsumieren. Zur Abwechslung auch mal unter der Woche.[38] Alles was wir brauchen, ist eindeutig mehr Zeug. Dann können wir endlich das alte wegschmeißen. Nicht, dass das alles noch super in Ordnung ist und funktioniert. *Ironie-aus* Ziel Umweltbelastung erfüllt. *verwirrt-in-die-Runde-guck*

Ansonsten haben wir soeben die neuen Rollos in meinem Zimmer befestigt. Und das Beste daran ist natürlich, dass es uns allen noch gut geht und sich keiner verletzt hat. Ist das nicht einfach *unbelievable*? Ich habe natürlich auch Fotos gemacht. Muss man ja, passiert schließlich nicht alle Tage, dass meine Gastmama mit einer Bohrmaschine hantiert und dazu noch in ungeahnten Höhen rumklettert. *glucks* Sie hat im Übrigen meine „Rauchmelder-Leiter" gefunden. *grins* Es gibt sie also doch. Hintergrund der Rollo-Aktion war übrigens, dass wir im ganzen Haus neue Fenster bekommen haben. Aber keine Sorge, ich habe die alten nicht kaputt gemacht. Angeblich nur, weil es sonst im Winter wirklich

---

[38] Normalerweise gibt es in Amerika „*Bank Holidays*". D.h. Feiertage fallen immer auf einen Montag, so dass es ein verlängertes Wochenende wird. Feiertage unter der Woche wie wir sie kennen, sind eher unüblich bzw. die Ausnahme.

richtig kalt werden würde. So wie wohl letztes Jahr. Vielleicht sollte ich an dieser Stelle mal erwähnen, dass ich jetzt schon meistens mit langen Hosen und Pullover oder Jacke rumrenne. Ist halt nicht so warm hier, auch wenn meine Gastfamilie eigentlich noch geschlossen, zumindest die meiste Zeit, in kurzen Sachen rumläuft. Ich bin nun mal etwas Besonderes.[39] *grins*

Dann muss ich euch noch unbedingt erzählen, dass es nicht immer stimmt, dass amerikanische Geschäfte 24 Stunden am Tag, sieben Tage die Woche und 365 Tage im Jahr offen haben. Ganz besonders nicht in einer großen Shopping-Mall. Letzten Freitag waren wir in einer Mall, d.h. Anna, Sina und ich waren einfach mal so aus Langeweile und überhaupt unterwegs… Wir haben es gewagt, uns dort an einem Tisch niederzulassen um nicht nur unser gekauftes Fastfood zu essen, sondern auch noch über unsere lieben amerikanischen Mitbürger zu reden. Ich meine natürlich eine gepflegte Unterhaltung über den „*American way of life*"[40] zu führen. *glucks* Könnt ihr euch eigentlich vorstellen, dass es mir mittlerweile schon teilweise schwer fällt auf die deutschen Wörter zu kommen? Nicht, dass ich die Englischen wissen würde, aber man oder auch Au Pair kommt sich schon ziemlich dämlich vor, wenn man anderen die gesuchten Wörter erklären muss. Und ich meine jetzt nicht

---

[39] Prinzipiell bin ich eine Frostbeule, die auch im Sommer soweit erträglich mit Pulli rumläuft. An mir und meinem Temperaturempfinden sollte man sich also nicht unbedingt orientieren. ;)

[40] Die amerikanische Lebensweise.

meine Gastfamilie, sondern andere Landsleute. Solange wir uns aber noch mit Händen und Füßen irgendwie verständigen können, ist das wohl ok. *glucks*

Ach ja, um noch mal auf unser Mall-Abenteuer zurück zu kommen: Wir haben uns etwa gegen 21 Uhr getroffen. Dann saßen wir in dieser „Essecke" und hatten unseren Spaß. So gegen 22 Uhr wurden die Putzkolonnen mobilisiert und die Essstände geschlossen, aber da uns keiner dazu aufgefordert hatte zu gehen, sind wir einfach sitzen geblieben und haben so getan als wenn wir davon nichts mitbekommen. Im „Dinge-Ignorieren" bin ich richtig gut. *grins* Als es dann schon 23 Uhr war, wurden wir doch von einem der Wachmänner freundlichst darauf hingewiesen, dass die Mall eigentlich schon seit einer Stunde zu hat. Faszinierend. Ich hatte bis zu dem Zeitpunkt immer gedacht, dass die rund um die Uhr offen haben. Warum auch immer. Vielleicht weil man trotz eigentlich geschlossener Läden auch so durch das Gebäude laufen kann. Ich hatte auch schon früh morgens Menschen gesehen, die in Sportklamotten durch die Mall gelaufen sind. Wir haben uns dann Richtung Ausgang bewegt. Natürlich zu dem, durch den wir auch rein gekommen sind. Immerhin haben wir ja dort auch geparkt. Allerdings war diese Tür auf mysteriöse Weise verschlossen. *Damn it*. Wir mussten dann wieder zurück und wieder an dem Wachmann vorbei. *rot-werd* Schließlich standen wir auf dem Parkplatz, allerdings auf der verkehrten Seite. So durften wir im Dunkeln um die gesamte Mall herum laufen. Was für ein Spaß und lustiger Weise haben wir diesen Wachmenschen noch mindestens zwei Mal gesehen. Er ist mit seinem Auto (das hatte sogar ein gelbes „Blaulicht") an uns vorbei gefahren.

Habe ich euch schon erzählt, dass ich hier zwischenzeitlich von Annes Kollegen als potentieller Ostdeutscher-(Stasi)-Spitzel eingeordnet wurde?[41] Scheinbar ist es noch nicht ganz bis Amerika vorgedrungen, dass es in Deutschland schon seit ein paar (eigentlich ja nun nicht weiter erwähnenswerten) Jahren *verstört-guck* keine große „Deutschland teilende"-Mauer mehr gibt.

So, ich werde jetzt, also dann gleich, in mein Bettchen gehen. Ganz unter uns: Ich bin mir mit der Rechtschreibung mittlerweile total unsicher. Ich meine, irgendwie sieht für mich alles falsch aus. Also, kleiner Tipp am Rande, einfach nicht von mir und meiner Rechtschreibung verwirren lassen.

Dann wünsche ich euch allen natürlich noch eine super schöne Woche! Übrigens habe ich im

---

[41] Die Kollegen meiner Gastmutter – im Allgemeinen hätte ich sie als durchaus intelligente und gebildete Leute eingeordnet – hatten anfangs ihre Bedenken geäußert, dass ich ja ein ostdeutscher Stasi-Spitzel sein könnte. Dass es die Mauer und damit die Teilung in Ost- und Westdeutschland in dem Sinne auch schon zur Zeit meines Auslandsjahres lange nicht mehr gab, ist ihnen dabei wohl einfach so durchgerutscht. Aber so richtig verübeln kann man es ihnen wahrscheinlich nicht. Wer in einem so großen Land lebt und mit sich selbst so beschäftigt ist, dem können solche geschichtlichen Ereignisse schon mal durchrutschen... Das war übrigens nicht das einzige Mal. Es passierte auch, dass Au Pair darauf angesprochen wurde, dass das Dritte Reich ja noch existieren würde.

Nachrückverfahren jetzt doch noch einen Studienplatz für Englisch bekommen.[42]

Viele liebe Grüße aus Amerika und denkt mal an mich, also ich meine für mich sichtbar. ;)
Stefanie

---

[42] Mein ursprünglicher Plan war es nach dem Au Pair-Jahr Musik und Englisch auf Lehramt zu studieren. Im Studienjahr 2006/2007 hätte das auch geklappt. Leider nicht im Jahr darauf, so dass sich mein Leben etwas anders entwickelte als ich damals dachte.

Mein deutsches Amerika

Allein in Amerika... (14) – 22. Oktober

Hej ho hallo! *begeistert-wink*

Und schon wieder ist über eine Woche verstrichen und ich bin nun schon zwei Monate und drei Wochen in dem großen Land hinter dem noch größeren Wasser. *staun* Mir geht's nach wie vor gut und der Kreis meiner neuen Bekanntschaften wird auch immer größer. Aber nein, ich komme immer noch nicht unbedingt selber auf die Idee aktiv auf andere zuzugehen. *tüdelü*
Jedenfalls bin ich ja jetzt fast gar nicht mehr sooooo allein. *strahl* Allerdings sollte ich vielleicht an dieser Stelle mal erwähnen, dass ich hier nun schon viel mehr Deutsche kennengelernt habe als richtige Amerikaner.[43] Aber ist vielleicht auch ganz gut so. Immerhin kann man die dann nach dem Jahr

---

[43] Das ist wirklich ein Phänomen. Irgendwie zieht man die eigenen Landsleute förmlich an bzw. kommt es so oft vor, dass jemand jemanden kennt, der zufällig jemanden kennt, der dann auch gerade aus Deutschland ist. Die Gemeinsamkeiten sind gerade im Ausland ein super Gesprächsthema. Man kennt die Umstände Zuhause und die Schwierigkeiten vor Ort, weil doch alles so anders ist. Rückblickend wäre es sicherlich gut gewesen, sich intensiver um Kontakte vor Ort zu bemühen... Wenn da nicht die Sprachbarriere bzw. die eingebildete sprachliche Hürde wäre. Sicht heute: Alles Kopfsache. Traut euch. Ihr könnt nur lernen und wachsen. ☺

viel einfacher mal so besuchen als die Einheimischen dieses Landes.[44] *grins*

Apropos neue Bekanntschaften: Ich weiß, dass es eigentlich *unbelievable* ist, aber hier in Woodbridge gibt es seit knapp zwei Wochen ein neues deutsches Au Pair. Ich verrat' euch jetzt nicht, dass Jessi am anderen Ende der Stadt wohnt und wir somit immer noch eine gute Viertelstunde auseinander wohnen.[45] Jedenfalls soll Ende Oktober noch ein anderes deutsches Au Pair hierher kommen und dann scheinen wir seit Donnerstag auch noch ein deutschsprachiges belgisches Au Pair zu haben. Hier herrscht derzeit sozusagen die *„Invasion der deutschsprachigen Au Pairs"*. Mal sehen, ob sich da noch irgendetwas Spannendes entwickelt... *wart*

So, zurück zum eigentlichen Anliegen, dem Wochenbericht: Montag hat Lia Geburtstag und da werden wir uns wahrscheinlich „alle" in Manassas treffen und Essen gehen. „Alle", d.h. nun auch wieder einige deutschsprachige Au Pairs. ;) Sonst kann man sich ja leider immer noch nicht so richtig mit den Leuten unterhalten oder einfach über alles

---

[44] Das ist ein Trugschluss. Klar habe ich einige meiner deutschen Au Pair-Freunde später in Deutschland besucht bzw. wurde besucht. Aber sobald wieder jeder in seinem normalen Leben angekommen ist und sich in seinem Teil des Landes bewegt, sieht man sich auch nicht mehr so häufig. Dazu kommt, dass gerade diese Bekanntschaften aus allen Ecken Deutschlands kommen. Nichtsdestotrotz verbindet so eine Erfahrung ungemein, so dass ich natürlich noch recht regen Kontakt zu verschiedenen ehemaligen Au Pairs habe.

[45] Es war und ist trotzdem *„American close"*.

austauschen, was immer noch so fremd ist. Aber es tut gut ohne sich Gedanken machen zu müssen zu reden oder gar nach Worten suchen zu müssen, in einer anderen Sprache.[46]

Am 30. Oktober steigt dann unsere ultimative Cluster-Halloween-Party... Ich und verkleiden?! Bitte nicht. Nachdem wir – allen voran meine Gastmama – auf der Suche nach selbigen schon viele lustige Ideen hatten, habe ich mittlerweile auch ein „Kostüm". Ok, es ist nur ein T-Shirt mit der Aufschrift *„This is my costume"*[47], aber hey, das zählt.

Alternativ hätte ich beispielsweise ohne Schwierigkeiten als große schwarze Mülltüte gefüllt mit Laub gehen können. Das ziehe ich aber nur in Erwägung, wenn sich meine Gastmama im Gegenzug als Eichhörnchen verkleidet. *glucks* Wir haben schon unseren Spaß. Einige unserer Kostümideen hängen mittlerweile auch am Kühlschrank. Natürlich immer nur für den jeweils anderen.

---

[46] Ja, es gab Situationen in denen man sich in „Sicherheit" wiegte um dann mit hochrotem Kopf festzustellen, dass die anderen Deutsch verstanden. Einmal habe ich unheimlich aufgebracht und wild gestikulierend einem anderen Au Pair bei uns im Haus etwas erzählt und meine Gastmutter drehte sich dann nur um und sagte einen Satz, der das alles zusammenfasste. Läuft. Ein anderes Mal, saßen wir zu zweit im Bus und unterhielten uns über die einsteigenden Fahrgäste bis einer hinter uns meinte *„Ack, sprecken Sie Deutsch?"*... Situationen aus denen man lernt oder zumindest lernen sollte. Es ist aber auch schon sehr häufig in Deutschland vorgekommen, dass ich andere Leute auf Englisch ungeniert über ihre Außenwelt austauschen gehört habe. Die hochroten Köpfe gibt es also überall. ;)

[47] Das ist mein Kostüm.

73

Dann waren wir gestern auf einen Geburtstag eingeladen. Genauer gesagt war es die Geburtstagsfeier eines Freundes meiner Beiden aus der Kirche. Allerdings scheint es hier nicht üblich zu sein, seinen Geburtstag, wenn man den eigentlichen Tag nicht zur Feier nutzt, nachzufeiern. Vorfeiern ist irgendwie populärer. *grübel* Naja, ich bin hier ja in Amerika und da sollte mich eigentlich nichts mehr wundern. ;) Jedenfalls hat die ganze Familie für vier Jahre in Deutschland gelebt und würde gerne wieder zurück.[48] Mh... also doch nicht so schlecht da, was? Wenn ich das hier sogar schon von Einheimischen höre. *grübel*

Letzten Sonnabend war ich mit „meinem" „US-Presidents"-Kurs auf einem *field trip*, also quasi einem Klassenausflug. Wir haben uns das Haus von Thomas Jefferson angesehen. Wie ihr natürlich alle wisst, war das der 3. Präsident der USA und Hauptbeteiligter an der *Declaration of Independence*[49] (*Stolz-guck* Ich habe aufgepasst). Um genau zu sein, waren wir in Monticello und dann hatten wir auch noch eine Tour durch die *University of Virginia*. Alles in allem sehr lustig und darüber hinaus, zur Freude meiner Gastmama, habe ich auch mal Bekanntschaft mit einigen nichtdeutschen *thumbs up* Au Pairs geschlossen. ☺

---

[48] Inwieweit das einfach nur höfliches Unterhalten war, weiß ich nicht. Fakt ist, dass der Papa beim Militär war und sie in unzähligen Ländern der ganzen Welt gelebt haben. Deutschland gehörte aber soweit ich weiß tatsächlich zu ihren Favoriten.

[49] Unabhängigkeitserklärung.

Dann grüße ich jetzt mal an dieser Stelle die Sina ganz lieb und ich hoffe natürlich, dass du wieder gut auf deutschem Boden gelandet bist.[50] *daumendrück*

---

[50] Es kam über das Jahr immer mal wieder vor, dass ein Au Pair das Jahr abgebrochen hat. Die Gründe waren vielfältig, aber sehr oft lag es am Verhältnis zu den Gastfamilien. Kulturelle Welten prallten aufeinander. Obwohl wir vor Ort eine Ansprechpartnerin hatten, gab es Situationen die sich nicht anders lösen ließen. Ich hatte wahnsinniges Glück mit meiner Gastfamilie, insbesondere mit meiner Gastmama. Wir waren und sind auf einer Wellenlänge, so dass ich nie in so eine Lage gekommen bin. Die vorzeitigen Abschiede von den neu gewonnenen Freunden und die Kenntnisse der Gründe haben trotzdem ziemlich an einem genagt.

Habe ich euch eigentlich schon mal was von meinem anderen „richtigen" Collegekurs erzählt?[51] Es handelt sich um einen „*Grammar & Composition*"-Kurs. Wir lernen also Grammatik und dann auch noch Texte zu schreiben. Lustiger Weise scheinen die ernsthaft zu glauben, dass ich vorher noch nie was von Grammatik geschweige denn *Composition* gehört habe. Dank dieses Kurses weiß ich jetzt aber endlich was „*Present*", „*Past*" und auch schon was „*Future*" bedeutet. *Ironie-aus* Ja ja, ich bin mir noch nicht so ganz schlüssig, warum ich eigentlich die letzten 12 Jahre in der Schule war, aber gut. Wir haben jedenfalls immer sehr viel Spaß, d.h. in diesem Fall Anna (also die vom dunklen Parkplatz), Karin aus Österreich und ich. Sie sind beide auch in meinem Cluster bzw. über dieselbe Agentur als Au Pairs hier.

---

[51] Teil des Au Pair-Jahres und Vertrages ist die Verpflichtung eine bestimmte Anzahl von Collegekursen zu belegen. Ich war im Vorfeld in Deutschland Feuer und Flamme und habe mich riesig auf diesen Teil gefreut. Allerdings musste ich sehr schnell feststellen, dass man als Ausländer kaum anspruchsvolle Kurse belegen konnte. Dazu kamen noch die unsagbar hohen Kosten für einzelne Kurse. Alles in allem fand ich es eher traurig, was im Endeffekt überhaupt für mich in Frage kam. Dieses Dilemma hat sich später auf meine Entscheidung ausgewirkt, dass ich nach dem deutschen Studium noch einen Master in Großbritannien drangehängt habe. Nur, weil man eine Muttersprache spricht, heißt es noch lange nicht, dass man nicht in der Lage ist in einem anderen Land ein Studium zu absolvieren und ggf. sogar einen Abschluss zu machen. Bitte merken. ;)

So, mehr fällt mir im Moment nicht ein, aber dann bestimmt beim nächsten Mal.

Ach ja, vielleicht doch noch etwas: Ich habe mir erlaubt eure E-Mail-Adressen in meinen „Tagebuch"-Verteiler zu speichern.[52] Eigentlich wollte ich ja trotzdem weiterhin die normalen E-Mails schreiben, schon allein wegen der lustigen Smileys, aber das macht immer so eine Arbeit. Ich hoffe, ihr seid da jetzt nicht böse. *lieb-guck*

Jedenfalls wünsche ich euch eine wunderhübsche Woche, bleibt gesund und munter und meldet euch bei Gelegenheit!

Viele liebe Grüße an den Rest der Welt! Eure Lieblings-Stefanie aus den Weiten Amerikas! *winke-winke*

P.S.: Doch noch eine Sache, meine Gastmama meinte gestern, dass es wirklich gute Übersetzungsprogramme im Internet gibt. Ah ja. Erstmal hoffe ich, dass ich hier nichts allzu Verwerfliches drin stehen habe und dann möchte ich doch die Gelegenheit mal nutzen und einen ganz lieben Gruß an meine Gastmama los werden! Also, viele liebe Grüße an die Anne! ;)

---

[52] Das waren noch Zeiten als der Datenschutz andere Ausmaße hatte als heute.

77

Kuchen, Kuchen und Kuchen – mit Frosting, bitte!

Allein in Amerika... (15) – 29. Oktober

Hallo, ihr lieben Erdenbürger auf den einzelnen Kontinenten!

Na, wie geht es euch denn so da drüben? Oder auch den vereinzelten hier drüben bei mir? ☺ Ich hoffe ja inständig, dass es allen super gut geht. Immerhin haben wir jetzt Herbst und alle Bäume sollten lustige bunte Blätter haben und überhaupt... jetzt können die meisten von uns auch eine Stunde länger schlafen. (Ja, auch in Amerika hat man diese Bereicherung schon entdeckt und wir haben seit gestern bzw. heute hier auch Winterzeit. *thumbs up*) Und somit sollte es doch eigentlich allen gut gehen. Wenn nicht, dann tut mir das sehr leid und ich hoffe, dass es sich so schnell wie möglich zum Besseren wendet! *daumendrück*

Was ist denn in der Zwischenzeit nicht schon wieder alles passiert? Ich weiß jetzt mal wieder gar nicht, wo ich eigentlich anfangen soll. *grübel* Natürlich habt ihr euch alle GANZ fleißig meine extra für die Außenwelt geschossenen Fotos angesehen. *Stolz-guck* Ich werde euch jetzt einfach mal ein paar Geschichtchen dazu erzählen. Ich habe mich zwar bemüht, einige Kommentare dazu zu schreiben, allerdings ist das gar nicht so einfach, wenn man nur 200 Zeichen Platz hat und ich habe schon sooooo lange keine SMS mehr geschrieben, dass ich dafür auch überhaupt kein Gefühl mehr habe. Tatsächlich schreibe ich hier überhaupt keine SMS. Ja, ich habe ein Handy, aber keine SMS-Funktion. Ich kann aber zumindest anrufen, auch wenn ich das immer noch nicht mag. Immerhin rufe ich mittlerweile auch schon bei anderen Leuten an, selbst wenn ich weiß, dass die überhaupt Deutsch können oder ich nicht weiß, ob die Person, die ich ja eigentlich sprechen will, da ist. *auf-die-Schulter-klopf* Jedenfalls werde ich euch jetzt einfach mal meine vergangene Woche in Kurzfassung schildern:

Am Montag hatte ja nun Lia Geburtstag. Um diesen auch gebührend zu feiern *lach*, haben wir uns (d.h. Lia, Anna, Ina, Karin und ich) in einem italienischen Restaurant in Manassas getroffen. Warum ausgerechnet Manassas? Mmmmh eigentlich ganz einfach. Weil ich irgendwie total ab vom Schuss wohne und wir uns deshalb ungefähr in der Mitte getroffen haben. *grins* Es war meiner Meinung nach sehr lustig und auch sehr peinlich. Immerhin hatten wir sehr viel Spaß, wenn wir damit auch das Restaurant hätten unterhalten können. Die haben uns aber zum Glück nicht verstanden, also hoffe ich. Nach dem Essen hatten wir noch ein bisschen Zeit. Oder vielleicht besser, wir haben sie uns einfach genommen und deshalb haben wir dann auf dem angrenzenden Parkplatz erstmal alle den von Anna selbstgebackenen Geburtstagskuchen bewundert.

Irgendwann haben wir uns auch erbarmt und ihn sogar Lia gezeigt. Weil es aber auf dem Parkplatz mittlerweile schon sehr frostige Temperaturen angenommen hatte, haben wir beschlossen uns in den nächstgelegensten McD (ihr wisst schon, keine Schleichwerbung) zu setzen. Also startete unsere deutschsprachige „Gang" ;) in diese Richtung. Fünf Menschen, vier Autos – was soll da denn schon herauskommen? *grins* Ich habe dann erstmal einem anderen Straßenverkehrsteilnehmer die Vorfahrt genommen. *rot-werd* Ich wusste gar nicht, dass der da überhaupt fahren durfte. Aber naja, immerhin hatten wir dann irgendwann, unter Hupen ;), unser Ziel erreicht. *thumbs up* Wir haben uns dort drin erstmal in eine Ecke ver- und dann den Kuchen zerkrümelt. ☺ Hat natürlich trotzdem geschmeckt. *Anna-auf-die-Schulter-klopf* Um nicht ganz so ein schlechtes Gewissen haben zu müssen, hat sich dann Lia noch erbarmt und sich einen Milchshake bestellt.

Am Dienstag war ich dann mit Elli im „Prince William Forest Park". Ich weiß, es klingt mal wieder unbelievable, aber wir haben doch tatsächlich Eintritt bezahlt um durch den Wald zu rennen. Aber ich denke diese USD 5,- haben sich gelohnt. Alleine schon wegen der Tatsache, dass ich mal keine

Menschen, Autos und Straßen sehen musste. Jedenfalls sind wir dann fast 5 km durch das Unterholz gekrochen. ;) Also, durch den Wald spaziert und haben viele bunte Blätter gesammelt, die wir dann unter schwere Bücher gelegt haben. ☺ Die einzige doch ein wenig furchteinflößende Angelegenheit war eigentlich nur die Tatsache, dass scheinbar auch Elli zwischenzeitlich keine Orientierung hatte. *zitter* Aber wir haben das Auto wohlbehalten wiedergefunden. *aufatme*

Abends haben wir im College noch den Geburtstag unserer „*teacher*"in gefeiert. ☺ Mir ist schon alleine beim Anblick des Kuchens schlecht geworden. Er sah wirklich wunderschön aus, bestand allerdings aus purem Zucker. *schüttel* So ist das halt. Wir sind hier immerhin in Amerika und da scheint sowas üblich zu sein.[53] Der Kuchen, den Lia zum Geburtstag von ihrer Gastfamilie bekommen hat, sah im Übrigen auch sehr zuckerhaltig aus.

Am Mittwoch habe ich mich dann mit Jessi und Svantje, dem neuen deutschsprachigen belgischen Au Pair, getroffen. Wir waren eigentlich auf der Suche nach weiteren Halloween-Kostümen, also für die beiden, und sind erstmal durch die gesamte Mall gelaufen oder wie Jessi immer zu sagen pflegt „*geschlappt*". Später haben wir noch Target, einen Elektronikshop und Wal-Mart (das sieht falsch aus *grübel*) unsicher gemacht. Es war wirklich sehr

---

[53] Und ob das üblich ist. Die normalen Kuchen also für Anlässe wie Geburtstag oder Schulabschlüsse etc. sind in der Regel mit einer sehr dicken Schicht „Frosting" überzogen. Dabei handelt es sich um blanken Zucker. Super süß. Wer es süß mag. Ich habe aber nie mehr als ein halbes Stück geschafft.

lustig und wird bei nächster Gelegenheit wiederholt. Also genauer gesagt, ist das schon für morgen wieder in Planung. ☺

Das Highlight des Donnerstags war neben der Tatsache, dass ich irgendwann endlich die gesamte Wäsche (ich glaube insgesamt drei Maschinen) gewaschen, sämtliche Schuluniformen gebügelt, drei Betten neu bezogen (und die Bettwäsche gewaschen) und irgendwann auch noch was gegessen hatte, wohl die Tatsache, dass ich mich mal wieder ein wenig intensiver mit meiner ehemaligen Schul-Banknachbarin, genau dem derzeitigen norwegischen *Cowgirl* Elisa, „unterhalten" habe.[54] Naja vielleicht eher ge-icq-t. Jedenfalls haben wir festgestellt, dass wir ja gar nicht SO unterschiedliche Sachen zu bewerkstelligen haben. Sie hat insgesamt ein paar mehr Kühe als ich Kinder und irgendwas sagt mir, dass deren Sachen nicht gebügelt werden müssen. Aber sonst? Anderes Land, andere Sprache, Hände und Füße zum Verstehen.

Am Freitag hatte ich mehr oder weniger frei, da ich meinen Gastvater das erste Mal sehen sollte. *schlotter* Also bin ich früh aufgestanden, habe meinen beiden das Frühstück gemacht und dann hat sie meine Gastmama in die Schule gefahren. Sie hatte frei um meinen Gastvater abzuholen. Ich habe mich dann bei Elli einquartiert, die auf Grund eines pädagogischen Tages ihre beiden den ganzen Tag Zuhause hatte. Wir haben Laternen gebastelt, Käsespätzle gekocht (da fällt mir ein: Mama ich soll

---

[54] Elisa war zu diesem Zeitpunkt in Norwegen auf einer Kuhfarm.

dir ausrichten, dass es Elli geschmeckt hat) und einen Geburtstagskuchen für ihren Gastvater gebacken.

Nun ja, das war alles gut und schön, aber gegen 17 Uhr wurde ich dann doch tatsächlich von Elli vor die Tür gesetzt. *schluchz* Ich weiß nicht wie sie auf diese total abgedrehte Idee gekommen ist, aber sie hatte sich in den Kopf gesetzt, dass ich nicht nach Hause wollte. Also so von wegen, damit ich meinen Gastvater nicht kennenlernen muss. Ich weiß gar nicht, wie sie auf den Gedanken kam. *tüdelü* Ich bin dann also Richtung Haus gefahren. Als ich schon fast Zuhause war, fällt natürlich dem hiesigen Footballteam ein so eine Art Faschingsumzug veranstalten müssen. *grummel* Ich habe ja noch nie verstanden, warum sich manche Leute in den Regen stellen um ein paar Bonbons aufzufangen... *lalala* Nun gut, auch diese letzte Galgenfrist war dann irgendwann zu Ende. *schluchz* Ich bin also in die Garage reingefahren, meine Laterne in die Hand genommen (damit ich wenigstens etwas zum Festhalten hatte) und schon stand ich in der Küche. Frei nach dem Motto „Augen zu und durch". Im nächsten Moment hingen zwei Kinder an mir dran und dann waren wir beide, also mein Gastvater genauso wie ich, ein wenig verlegen. Ich konnte ihm nicht mal die Hand geben. Er hat gerade Zwiebeln für den Salat geschnitten. Puh, so war das. Aber er scheint genauso wie der Rest der Familie super nett zu sein und auch genauso viel und gerne zu reden. *glucks* Wir haben uns mittlerweile schon gefühlt über alles unterhalten, sei es nun das Militär, die Regierung, die Eigenarten und unzähligen Ausnahmen in beiden Sprachen oder oder oder. Da er für vier oder fünf Jahre in Deutschland gelebt hat, unterhalten wir uns irgendwie immer in einem deutsch-englisch Kauderwelsch.

Das Wochenende ist nun auch schon fast wieder rum, allerdings ist jetzt nichts Weltbewegendes passiert oder vielleicht kann ich mich auch bloß gerade nicht wirklich dran erinnern. *grübel* Doch Michael hat heute sein erstes Footballspiel gewonnen. *thumbs up*

Ach und von meinem Mexikaner-Besuch muss ich euch auch noch erzählen. In den meisten amerikanischen Restaurants bin ich immer ein ganz klein wenig verloren oder auch einfach nur überfordert. Jedenfalls ist meine Gastmama der Ansicht, ich müsste neue Sachen ausprobieren.[55]

---

[55] Die Taktik meiner Gastmama bestand darin mich immer wieder über die Grenzen meiner Komfortzone zwar sachte, aber doch kontinuierlich, hinauszuschieben. Sie

traurig-guck Wenn ich aber nicht weiß, was sich eigentlich hinter dem Ganzen versteckt, dann ist das meiner Meinung nach überhaupt nicht lustig.[56] Ich habe gestern wieder den ganzen Betrieb aufgehalten, weil ich mich nicht entscheiden konnte. *rot-werd* Was müssen wir denn aber auch zum Mexikaner gehen, wenn die dort noch nicht mal Pizza haben?!

So, das war's erstmal von mir. Ich glaube, ich sollte langsam aufhören, meine Finger frieren gerade ein. *zitter* Jedenfalls wünsche ich euch eine supergeniale Woche!

Seid schön lieb, benehmt euch und meldet euch bei Gelegenheit mal.

---

hatte für meine Beiden am Kühlschrank ein Blatt Papier auf dem sie für erledigte Aufgaben jeweils einen Stern-Aufkleber verteilte. Für mich hat sie das im Laufe meines Jahres abgewandelt. Ich bekam einen Stern, wenn ich mal wieder (sichtbar) über meinen Schatten gesprungen bin. ☺

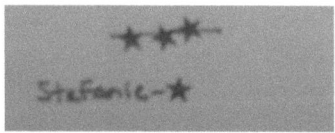

Rückblickend bin ich ihr dafür heute noch dankbar. Dieses Verhalten habe ich mir auch versucht nach meinem Jahr beizubehalten. Ich muss in oder besser nach gewissen Situationen immer mal wieder Inne halten, schmunzeln und an sie und ihre Sprüche denken.

[56] Das war aber gerade zu Anfang irgendwie der Dauerzustand. Einfach ausprobieren und ohne Angst sich auf neue Sachen einlassen… puh, das ist gar nicht so einfach. *Fun fact*: Es ist trainierbar.

Viele liebe Grüße von mir hier in alle Herren Länder.

Ciao eure allerliebste Lieblings-Stefanie aus den Weiten Amerikas! *winke-winke*

Neuerliche Horizonterweiterung

Allein in Amerika... (16) – 6. November

Liebe Leserinnen und natürlich liebe Leser!

Ich sitze gerade schön in eine Decke eingemummelt im *Office* und versuche parallel diese neue Mail zu schreiben, meine am Wochenende entstandenen Fotos hochzuladen und nicht an der Technik zu verzweifeln. Multitasking also. *grins* Ich war vorhin schon wieder kurz davor zu verzweifeln. *grummel* Wenn Au Pair schon mal das Fotoalbum aufräumen will… Ich habe gestern festgestellt, dass ich nur 1000 Bilder hochladen kann. *schnief* Also nicht wundern, wenn euch einige Bilder bekannt vorkommen. Irgendwie wollen die nicht mehr auf ihren alten Platz zurück. Ich habe schon so gut wie alles probiert – also die üblichen Verdächtigen: lieb gefragt, bestochen, geschimpft, angeschrien – aber scheinbar sind sie einfach nur unkooperativ! ;)

Die letzte Woche war für hiesige, also „au pair-ische", Verhältnisse ziemlich stressig. Ich weiß mal wieder überhaupt nicht, wo ich eigentlich anfangen soll. *grübel* Also, wie ihr natürlich alle wisst (ihr lest ja immer alle fleißig meine Mails ;)), hatten wir letzte Woche, genauer geschrieben von Freitag bis Mittwoch, Besuch von meinem Gastvater. Er ist nun schon wieder weg und irgendwie war das eine total komische Situation. Ich meine, er war sozusagen „Gast" in seinem eigenen Haus. James ist nun wieder in Missouri und hier geht alles seinen gewohnten

Gang. Ich hatte die letzte Woche nicht wirklich was zu tun, da er „meinen" Part übernommen hat. Das ist ja auch eigentlich seiner.[57] ☺

Ich hatte am Montag, 30. Oktober, Besuch von Svantje, dem belgisch-deutschen Au Pair. Dabei haben wir festgestellt, dass sie auch eine mögliche Kandidatin meiner Gastfamilie war. Allerdings konnten sich beide Seiten nicht mehr erinnern, warum daraus nichts geworden ist. *grübel* Nachdem mein Gastvater mir aber, mit Zustimmung meiner Gastmama, versichert hat, dass sie jetzt die Beste für den Job hätten, kam heraus, dass er eigentlich nur nett sein wollte. Amis eben, aber warum muss ich auch nachfragen, ob er sich da auch sicher ist. *lach*

Am Abend war dann „endlich" unsere mit Ungeduld und natürlich heiß ersehnte Halloweenparty. *Ironie-aus* Nachdem ich mich in mein ultimatives Kostüm geschmissen hatte, kamen auch schon meine Mitfahrer.

Ich bin auf die total abgedrehte Idee gekommen, uns alle zu fahren.[58] Oh man, das war eine einzige

---

[57] Ich war das erste und einzige Au Pair meiner Familie. Während meines Auslandsjahres war mein Gastvater in Missouri mit der *Army* stationiert und dementsprechend nicht Zuhause. Bis dahin haben sich meine Gasteltern in die Kinderbetreuung rein geteilt. Meine Gastmama verließ früh – vor 6 Uhr – das Haus und holte die Kinder nachmittags ab. Mein Gastvater brachte sie in die Betreuung und fuhr anschließend auf Arbeit.

[58] Für gewöhnlich haben wir Au Pairs zu solchen Veranstaltungen Fahrgemeinschaften gebildet. Zum einen war das einfach lustiger, man hatte die Chance sich länger

Katastrophe. *lalala* Natürlich, wie konnte es auch anders sein, kannte niemand von uns den Weg[59], aber das scheint mir im Nachhinein noch das kleinste Problem gewesen zu sein. Nachdem wir uns wenigstens drei Mal richtig verfahren, eine rote Ampel – ähm ein bisschen – überfahren und wir dann auch noch an der falschen Haustür geklingelt hatten, waren wir auch schon da. Also eigentlich doch gar nicht so schlimm und quasi ruck zuck. Das mit der Ampel… also es war rot und ich stand, dann schaltete aber die „Seitenstraßenampel" auf grün. Ich habe keine Ahnung warum, aber irgendwie war ich der Ansicht, dass es sich dabei um meine handelte. *lalala* Also waren wir mitten auf der Kreuzung, als mir dann auffiel, dass es wohl doch nicht meine war. *rot-werd* Der Rückwärtsgang war auch nicht so eine Superidee. Ja, irgendwann hatten wir dann auch

---

mit jemandem zu unterhalten und sich besser kennenzulernen und zum anderen natürlich auch der (europäische?) Gedanke, dass nicht jeder alleine mit einem leeren Auto fahren muss. Meiner Gastmama machte es jedenfalls nie etwas aus, wenn ich gefahren bin – sie hat mir, nicht ganz üblich, auch immer den Sprit gezahlt. Da ich meine Beiden täglich zur Schule fuhr, hat sie es als selbstverständlich angesehen, dass ich das Auto auch zu den anderen Zeiten des Tages nutzen konnte und sich auch um den Teil des Sprits finanziell gekümmert. Andere hatten da leider nicht so viel Glück und mussten ihre „eigenen" Fahrten (sehr kleinlich) immer selbst tragen.

[59] Damals gab es noch keine Navis im Auto oder im Handy. Wir sind mit Karte und ausgedruckten Wegbeschreibungen gefahren, ganz *old school.*

mal wieder grün. Meine Gastmama hat nur gelacht und gemeint, dass ist ihr auch schon passiert.[60]

Um aber nochmal auf unsere ultimative Halloweenparty zurückzukommen: Das mit den Kostümen war so eine Sache. Es gab einige Au Pairs, die sich richtig viel Mühe gegeben haben und dann waren da... wir? Die deutschsprachigen Au Pairs hatten sich unabgesprochen, aber irgendwie doch geschlossen, nicht wirklich verkleidet. Also, mit anderen Worten: Ich war im Gegensatz zu vielen anderen mit meinem Shirt schon „richtig" verkleidet.[61] ;)

---

[60] Ich bin immer wieder froh wie viel Anne doch einfach mit Humor genommen hat.

[61] Ja, ich als notorischer Faschingsmuffel kam mir da mit der Verkleidungsidee und in dem Alter schon ziemlich veralbert vor.

Im Übrigen weiß ich nicht, ob es so eine gute Idee war diese Party an einem Montag zu veranstalten. Irgendwie waren wir fast länger unterwegs als überhaupt auf dieser „Party". Immerhin haben wir mal wieder die anderen Au Pairs, also die vom anderen „Cluster-Ende", gesehen. Von der Seite betrachtet, war es super und natürlich gab es Frosting-Kuchen.[62]

---

[62] Irgendwie gab es zu diesen Clustertreffen immer Frosting-Kuchen. Ausnahmslos immer.

Am Dienstag (31. Oktober) hatte ich leider immer noch kein Auto. *lalala* Ich habe mich freundlicher Weise dazu bereit erklärt, es meinem Gastvater zu überlassen. Warum auch nicht, ist schließlich seins. Außerdem habe ich jetzt neue Scheibenwischer und den Ölwechsel hat er auch machen lassen. DANKESCHÖN!

Elli hat sich am Dienstag dann dazu bereit erklärt, mir Gesellschaft zu leisten. ☺ Also, eigentlich hatte sie gar keine Wahl. *grins* Wir haben uns über Gott und die Welt unterhalten, ein Video geguckt und natürlich unseren Kühlschrank geplündert. Abends war ja dann das „große" und richtige Halloween-Event, aber ich hatte meinen College-Kurs. Da aber einige der anderen ähm geschw*nzt haben, hat uns unsere „teacherin" die Aufgaben für den Donnerstagstest schon gegeben. Keine Ahnung warum die das hier machen. Ich meine, letztes Mal durften wir unser Buch nehmen. *verwirrtguck*

Allerdings habe ich so nicht mal meine Beiden im Kostüm gesehen. *schnief* Angeblich habe ich nicht allzu viel verpasst, da die Kinder hier wirklich nur von Tür zu Tür laufen und „trick or treat" rufen. Das war's dann auch schon. Kein Lied oder Gedicht, einfach nur so ein Spruch und manche sagen scheinbar gar nichts. Keine Ahnung warum dann darum so ein großer Aufstand gemacht wird. *Schulter-zuck* Ich habe so das Gefühl, dass unser „Fitschen" (okay, ich gebe zu, dass ich keinen blassen Schimmer über die korrekte Schreibweise habe ;)) eigentlich fast noch mehr hermacht. *lalala*

Im Übrigen wird scheinbar vom Großteil der Bevölkerung jedes Jahr ein neues Kostüm gekauft. Wir brauchen ja immer noch mehr Zeug. *Kopfschüttel*

Als ich dann abends wieder „Zuhause" war, hat mir meine Gastmama die Ausbeute meiner Beiden gezeigt und ich hätte schon fast vom bloßen Anschauen einen Zuckerschock bekommen. Am Mittwoch haben wir dann noch vor der Schule meinen Gastvater weggebracht. Um von hier aus nach Washington DC auf der HOV fahren zu können – einer speziellen Straße, die schneller fahren darf als die Normalspur – müssen mindestens drei Leute im Auto sitzen. Deshalb gibt es hier so ein paar „Treffpunkte" an denen diese noch nicht vollen Autos „*stranger*", also Fremde, mitnehmen. Also haben wir ihn an so einen Sammel-Ort gebracht. Ein total komisches Gefühl. Das tat mir für meine restlichen drei unglaublich leid. Ich meine, Anne war ja schon weg, aber Michelle und Michael saßen mit im Auto. Die beiden haben aber überhaupt nicht so reagiert, wie es „befürchtet" wurde. Eigentlich haben sie einfach gar nichts mehr gesagt. Ich glaub' um sich schlagende, schreiende bzw. total wütende Kinder wären mir in diesem Moment irgendwie lieber gewesen.

Am Donnerstag war ich bei Elli und wir haben unseren Flug nach Boston gebucht. Für nächstes Wochenende und auch schon das Hostel. Ich bin allerdings noch nicht so 100%ig von der Idee überzeugt. Aber meine Gastmama und Elli scheinen sich in dem Punkt gegen mich verschworen zu haben. Ich bin ja nach wie vor der Ansicht, dass meine Gastmama sowas sagen sollte wie „*NEIN, das ist keine gute Idee. Du bleibst hier.*". Aber das macht sie nicht.[63] *seufz* So fliege ich am Freitag nach Boston, mit Elli.

Wir hatten dann abends noch unseren ultimativen Englischtest im College-Kurs. Seit wir unser Essay wieder haben, weiß ich nun auch, dass meine Lehrerin jetzt denkt *„New York is like Germany"*[64]. Uuuups. Keine Ahnung, wie sie auf diesen Gedanken kommt, aber ich will sie nicht weiter verwirren. Also lass' ich sie einfach in dem Glauben. ☺ Immerhin habe ich mit meinen 98% noch ein A+ bekommen. *strahl*

Am Freitag hatten meine Beiden so was wie einen pädagogischen Tag. Da bot es sich natürlich an, dass sie mit meiner Gastmama dem Zahnarzt einen Besuch abstatten. Ja ja, wieder nichts zu tun. Da habe ich kurzerhand Svantje besucht. Irgendwann rief mich meine Gastmama an. Meine Drei haben mich dann Zuhause abgeholt, d.h. ich bin zurückgefahren und wir sind alle zum Mittagessen zu einem Pizzabuffet gefahren (natürlich! :D). Hier läuft man doch nicht. Nach dem Zahnarztbesuch haben sie noch eine ehemalige Klassenkameradin von Michelle abgeholt. Sie verbringt ihre Ferien bei ihrer Großmutter und meine Beiden wussten nichts von dieser Überraschung. Anne wollte ihnen das zwar schon vorher sagen, aber sie hat es doch tatsächlich geschafft es fast für sich zu behalten. Als sie mir dann von den ungläubigen Minen erzählte… *grins* Ich glaube, sie ist mittlerweile auch der Ansicht, dass

---

[63] Ich sage nur „Komfortzone verlassen".

[64] *„New York ist wie Deutschland."*

es sich gelohnt hat, es für sich zu behalten. Jedenfalls hatten wir dann bis Sonnabend die Helen mit hier.

Am Sonnabend waren wir, also Elli, Svantje, Jessi und ich, in Washington DC, der Landeshauptstadt. *grins* Ja ja, ich komme hier schon irgendwie rum, auch wenn ich meistens zu meinem Glück gezwungen werden muss. Aber nicht am Samstag, immerhin war das meine Idee. *lalala* Wir haben uns ganz viele Kriegsdenkmäler und andere berühmte Monumente angesehen. Am besten einfach die Fotos anschauen. Dann waren wir noch im Kino zu „*Marie Antoinette*". Zu der ganzen dazwischen liegenden Fahrerei möchte ich mich jetzt lieber nicht äußern. Nur so viel, ich bin gefahren, irgendwie habe ich es diese Woche nicht wirklich mit Ampeln oder Abbiegespuren oder auch nur im Entferntesten mit Orientierung. *lalala* Aber wir haben den ganzen Weg ohne jegliche Unfälle, mehr oder weniger gesund und munter überstanden. *thumbs up*

Am Sonntag hatte ich dann meinen zweiten Ausflug mit dem „*US-Presidents*"-Kurs. Diesmal ging's nach Mount Vernon, dem Zuhause von George Washington. Wir haben es auch auf Anhieb gefunden. ☺ Jedenfalls von Woodbridge aus. Allerdings hatten meine beiden Mitfahrerinnen ein paar kleinere Probleme erstmal Woodbridge zu finden. *lalala* Mit über 30 Minuten Verspätung sind sie schließlich mehr oder weniger angekommen, auch wenn ich sie erstmal an einer Schule finden musste. Offensichtlich bin ich wenigstens nicht alleine so ganz ohne Orientierungssinn. ;) Nicole und Lisa haben mich dann schon freudestrahlend erwartet und wir haben „*Mount Vernon*" auch auf Anhieb gefunden. *auf-die-Schulter-klopf* Dieses nach amerikanischen Maßstäben „historische" Gebäude war schon irgendwie interessant. Wenn auch nicht mit europäischen Bauten zu vergleichen. Ich habe natürlich auch Unmengen an Fotos gemacht. *strahl* Der Rückweg war dann schon ein wenig schwieriger, immerhin konnten wir nicht einfach den braunen „*Mt. Vernon*"-Schildern folgen. *lalala* Aber wir waren nur ein paar Minütchen komplett „*lost*". Immerhin haben wir dann eine uns bekannte Straße gefunden und dann waren wir auch schon fast wieder Zuhause. *jippie* Also, alles in allem eine ziemlich aufregende Woche. ☺

So, das war's erstmal wieder von mir hier und meinem spannenden Leben. *grins* Aber immerhin versuche ich euch daran teilhaben zu lassen. ;)

Viele liebe Grüße an den Rest der Welt! Also auch an alle, die das hier nicht lesen, aber die ihr vielleicht seht. Immer schön fleißig ganz liebe Grüße von mir ausrichten! Versprochen? DANKESCHÖN!

Bis zum nächsten Mal! Auf wiederlesen und lasst es euch gut gehen!

Eure Lieblings-Stefanie aus den Weiten Amerikas!

P.S.: Ich habe jetzt sogar schon meine Winterjacke aus dem Schrank geholt. *brrr*

Boston und ungeplante Zwischen-fälle

Allein in Amerika... (17) – 22. November

„Ich bin wieder hier, in meinem Revier. War nie wirklich weg..." *sing* Ich war nur in Boston. Aber jetzt bin ich ja wieder da! ☺

Hallo erstmal! Ich hoffe, ihr habt mich vermisst?! Naja, wie dem auch sei, nun bin ich wieder „Zuhause". Eigentlich sogar schon seit Sonntag, also letzter Woche. *lalala* Es tut mir auch schrecklich leid, dass ich mich erst jetzt wieder melde, aber in der eigentlich nicht all zu langen Zeit hat sich wieder so unglaublich viel ereignet. Leider nicht nur positive Sachen. Darauf will ich jetzt nicht näher eingehen. Nur so viel, es scheinen sich wirklich lebensverändernde Sachen in meiner unmittelbaren Umgebung abzuspielen. Nicht nur eine, aber auch wiederum nicht mich unmittelbar persönlich betreffend. Also keine Sorgen machen! Jedenfalls hatte ich gar keine richtige Gelegenheit und meine normalerweise zumindest MEISTENS vorhandene und unbändige Schreibwut hatte sich irgendwie auch „verkrümelt". *seufz* Aber immerhin bin ich jetzt wieder in der Lage mein Leben zu aktualisieren. *tief-durchatme*

Jedenfalls war ich doch tatsächlich übers Wochenende, genauer geschrieben vom 10. bis 12. November 2006, in Boston. Wie immer musste ich natürlich zu meinem Glück gezwungen werden. *rot-werd* Dabei haben sowohl Elli als auch meine Gastmama mal wieder ganze Arbeit geleistet. Auch wenn ich beide, vor allem an bzw. kurz vor den Sicherheitskontrollen, am liebsten... naja, ich möchte keinen schlechten Einfluss auf euch haben. Jedenfalls habe ich mir in diesen Momenten immer gewünscht, nie „Ja" gesagt zu haben. Aber da war es schon zu spät. Ich bin jedenfalls jedes Mal total panisch geworden, wenn wieder eine Kontrolle anstand. *rot-bleib* Ich glaube, dass ich Elli damit fast zur Verzweiflung gebracht habe. Was kommt sie auch auf solche Ideen? Im Flugzeug saß Elli jedenfalls am Fenster und so hatten wir Gelegenheit viele „Luftbilder" zu fotografieren. Endlich wieder am Boden angekommen, mussten wir uns mit den Tücken der Shuttle-Busse und der *Subway* (so eine Art Metro) auseinandersetzen. Was soll ich sagen? Ich glaube, wir haben den Kampf gewonnen. ;)

In unserem Youth-Hostel angekommen, mussten wir uns erstmal durch einen Berg an Papierkram und natürlich bis in unser Zimmer vorkämpfen. Endlich in unserem Reich, das ganze drei Doppelstockbetten und sechs Spinte beherbergte, mussten wir uns auch schon wieder eine ziemlich genervte Mitarbeiterin zu Hilfe holen. Eigentlich wollten wir nur wissen, ob wir einfach ein anderes Bett (als uns vom Hostel zugeteilt worden war, d.h. Bett 3 und 4, die haben wir aber untereinander getauscht. Pssst! ;)) nehmen könnten, da in einem der Betten schon andere Sachen verteilt waren. Anstatt zu sagen „Ja, nehmt einfach Bett Nr. XYZ." und gut, kam nun diese nette Person mit und bezog das besagte Bett frisch. Sie beförderte auch noch alle anderen „nicht uns gehörigen" Sachen in ein anderes Bett. Später machten wir dann auch

Bekanntschaft mit unseren Zimmergenossinnen. Eine Kanadierin und eine Australierin, beide sehr nett und scheinbar schon an das ständige Bettenwechseln gewöhnt. *glucks* Am Freitag haben wir uns dann HARVARD angeguckt. Ja, ihr lest richtig. Ich kleines Dorfkind war doch tatsächlich in einer der berühmtesten Unis schlechthin. Naja, ich war auf dem Gelände und sicherlich auch mal ganz kurz in dem einen oder auch anderen Gebäude. Aber immerhin, wer kann das schon von sich behaupten? ;)

Den nächsten Tag, also am Sonnabend (oder auch für das bessere westdeutsche Verständnis SAMSTAG), haben wir eigentlich größtenteils damit

verbracht durch Boston zu LAUFEN! *grins* Ja, ihr
lest richtig, wir sind gelaufen. Keine Subway an Tag
zwei. Auch wenn ich abends nicht mehr wirklich
auftreten konnte, aber ihr glaubt gar nicht was das für
einen Spaß gemacht hat! Jedenfalls haben wir uns
dann sogar noch einen Boston-Pullover gekauft. Am
Sonntag waren wir glücklicherweise schon ziemlich
zeitig am Flughafen[65], so dass wir in einen früheren
Flug um platziert werden konnten. Unser eigentlicher
Flug wurde gecancelt und so hätten wir erst am
Montagmorgen zurückfliegen können. Lustiger
Weise hatte der Flughafen oder die Fluggesellschaft
(*who knows*?) schon bei Ellis Gastfamilie angerufen.
Sie hatten freundlicherweise unsere Flugtickets
gebucht und ihre Kontaktdaten hinterlegt. Ihnen
wurde also mitgeteilt, dass unser neuer Flug erst am
Montag früh gehen würde. *verwirrt-guck* Davon
wussten wir allerdings nichts, sonst hätten wir uns

---

[65] Wenn ich mich richtig erinnere, haben wir sogar am Flughafen übernachtet, damit wir nicht mitten in der Nacht
losmussten. Dank Ellis Erinnerung lässt sich das sogar
noch soweit präzisieren, dass mitten in der Nacht keine
öffentlichen Verkehrsmittel gefahren sind und wir uns
eine Taxi-Fahrt mit unserem gesetzten (Au Pair) Budget
(er)sparen wollten. Preisbewusst wie gerade Elli und ich
nun mal waren und auch nach wie vor sind, haben wir
uns gegen die zusätzliche Nacht im Hostel entschieden.
Das hatte ich meiner Gastmama (und meiner Mama)
aber in weiser Voraussicht nicht gesagt. Erst viel später
irgendwann mal in einem Nebensatz… Vielleicht sollte
ich noch anmerken, dass wir in dieser Nacht beide nicht
geschlafen haben. Habt ihr schon mal versucht am
Flughafen zu übernachten? Unsere damaligen Erkennt-
nisse: enorme Geräuschkulisse und unsagbar unbeque-
me mit festen Armlehnen versehene Bänke.

da natürlich gemeldet. Als Elli dann „Zuhause" ankam, war die Überraschung perfekt. Meine Gastfamilie ahnte von dem Durcheinander zum Glück nichts. Sie waren zwar nicht da als ich kam, aber es lag ein ganz lieber Begrüßungs-„*Herzlich-Wilkommen-Zuhause*"-Zettel auf meinem Platz. *freu* Das war im Großen und Ganzen unser Boston-Abenteuer.

Dann hatten wir am 19. November, Sonntag, wieder mal eines unserer ultimativen Clustermeetings. Wir wollten in das neue Marine Museum in Quantico.

Wie mir Elli mitgeteilt hat, muss das sogar in den deutschen Nachrichten erschienen sein? *fragend-guck* Jedenfalls war es mal wieder ein eher deutschsprachiges Treffen. Immerhin haben wir es geschafft so ziemlich alle dort zu erscheinen. Eigentlich sehr lustig, auch wenn ich die Idee ein Clustermeeting in einem Museum zu veranstalten ziemlich nennen wir es un-*smart* finde. Im Endeffekt hatten wir etwa 30 Minuten um das ganze Museum zu erkunden. Natürlich haben wir uns da drinnen irgendwie ein bisschen verlaufen, so dass wir schon wieder fast zu spät zu unserem Kennenlern-„Stuhlkreis" gekommen sind. Jedenfalls endet oder beginnt, das ist immer von der jeweiligen Aktivität abhängig, jedes Clustermeeting mit einer Art Vorstellungsrunde. Da aber eigentlich immer die gleichen Leute kommen, ist das ein bisschen naja… Wir kennen uns ja mittlerweile schon. Auch egal, wir werden alle älter und vergessen deshalb schnell, wie viele Kinderchen die anderen haben. Jedenfalls haben wir am Sonntag eine etwas abgewandelte Form gespielt, da konnten wir erläutern, wie unser *Thanksgiving* aussehen soll. Planung bei uns: vier Personen (davon zwei Kinder) und ein 10 Pfund (ein amerikanisches Pfund entspricht in etwa 0,45 kg) Turkey, also Truthahn. Das wird bestimmt spannend. *grins* Davon berichte ich euch dann beim nächsten Mal.

Dann ist uns am Montag noch was Superlustiges passiert. Wir sind wie immer früh aufgestanden und dann – wie immer – viel zu spät dran und dann – wie immer – zur Schule gefahren. In amerikanischen Schulen musst du dich allerdings offiziell einschreiben lassen, wenn du zu spät kommst. Also sind wir meistens pünktlich zwei Minuten vor halb 9 da, denn dann werden die Türen zugeschlossen. Auf meiner Uhr war es, also wie eigentlich immer wenn wir auf dem Schulparkplatz ankommen *kein-Kommentar*, 8:28 Uhr. Deshalb war ich ehrlich geschrieben ein bisschen geschockt, als trotzdem die Türen zu waren. *schrei* Aber keine Panik, wird schon noch irgendjemand rauskommen. Wir haben also gewartet und uns hat dann tatsächlich der Hausmeister die Tür aufgeschlossen. *freu* Wir haben uns überschwänglich bedankt und sind natürlich hoch zu den Klassenzimmern geflitzt und ja, da war irgendwie alles dunkel und keiner da? Wir haben erstmal Anne angerufen und ihr das mitgeteilt. *lalala* Erstmal dachte sie ja, wir wollten sie ärgern, aber dann hat sie doch tatsächlich auf ihrem Schulplan eine klitzekleine Notiz entdeckt, die besagte, dass Montag und Dienstag Schulkonferenzen sind. *prust* Ich habe auf dem Gang gestanden und musste soooo lachen. Da hätten wir auch liegen bleiben können. Jedenfalls waren wir dann Montag ungeplant im Kino und haben uns „Happy feet" angesehen. Und gestern waren wir Tannenzapfen sammeln, beim Kieferorthopäden und auf dem Spielplatz und heute habe ich frei. Ach und meine Gastmama wird jetzt schon richtig böse, wenn ich nur in die Nähe der Spülmaschine oder der Spüle komme.[66] Ich glaub', sie hat ein schlechtes Gewissen, weil ich doch ungeplant Anfang der Woche deutlich mehr gearbeitet habe. Ich habe aber gestern trotzdem heimlich meinen Teller hinein gestellt. Psssst.

Gestern Abend im College haben wir noch einen Grammatiktest geschrieben. *lalala* Unserer

---

[66] Meine Aufgaben umfassten eigentlich nur die Kinder – Wäsche und Essen eingeschlossen, nichts weiter im Haushalt. Es hatte sich dann aber so eingebürgert, dass ich etwa den Geschirrspüler früh immer ausgeräumt und die geleerte Mülltonne und die Post reingeholt habe.

Meinung nach hätten wir dafür keine 30 Minuten gebraucht, aber wenn man immer wieder irgendwelche lustigen Gegenstände vor die Tafel zieht, dann kann das natürlich auch mal länger dauern. Jedenfalls hat es nicht unbedingt zur erhöhten Schwierigkeit beigetragen, dass wir in einem Computerkabinett geschrieben haben. Unsere deutsch-österreichische Fraktion hatte unterm Strich viel Spaß, auch wenn es wie scheinbar immer ziemlich ineffizient war. Vielleicht sollten wir nächstes Halbjahr einfach einen Yoga-Kurs belegen. *grins*

So viel erstmal von mir. Heute ist nicht alle Tage, ich schreib' euch wieder, keine Frage. ☺

Viele liebe Grüße, einen schönen Buß- und Bettag und ein fröhliches *Thanksgiving*!

Macht's gut und habt eine schöne Restwoche!
Stefanie

Es weihnachtet sehr? – Happy Thanksgiving!

Allein in Amerika... (18) – 24. November

Hallöchen!

Ich bin's schon wieder. Meine Beiden sind gerade mit ihren Freunden beschäftigt und da nutze ich doch jetzt mal eiskalt die Gelegenheit um meinen letzten Bericht zu vervollständigen bzw. euch wieder auf den neuesten Stand der Dinge zu bringen. Soweit der Plan. (Ich fang' schon an wie meine Gastmama. Habe ich schon mal erwähnt, dass wir einen Essensplan für den ganzen Monat im Küchenschrank hängen haben?[67])

Also heute (genau wie schon die ganze Woche) haben meine Beiden keine Schule. Erst war ja diese Lehrerkonferenz und nun ist *Thanksgiving*. Also eigentlich war das schon gestern und heute ist frei, damit sich alle Amerikaner in ihrer Kaufwut gegenseitig das Leben in allen Geschäften so schwer wie möglich machen können. *Augen-verdreh* Vielleicht sollte ich da auch Spaßes halber einfach mal hin, nur um ein paar Fotos zu knipsen? Naja, ich glaube, das ist keine allzu *smarte* Idee. Lassen wir

---

[67] Meine Gastmama ist so ungefähr der organisierteste Mensch, den man sich vorstellen kann. Den Essensplan gibt es auch heute noch im Küchenschrank. Hierbei handelt es sich um eine Monatsübersicht, was wann abends gekocht wird. Planung ist eben alles. ☺

das einfach. Da wir also den ganzen Tag hier sind –
nicht dass mir das für gewöhnlich was ausmacht, aber
die zwei brauchen einfach ihre Schule ;) – hat sich
meine Gastmama Gedanken darüber gemacht, was
wir den ganzen Tag über anstellen können. Im
Endeffekt haben wir heute nicht nur den
Weihnachtsbaum mit allem möglichen und
unmöglichen Zeug behangen, also ich meine
natürlich geschmückt, sondern auch noch ungefähr
das ganze Haus dekoriert. Natürlich hängen jetzt
auch alle „Weihnachts-an-den-Kamin-hänge-Socken"
ordnungsgemäß am Kamin! *grins*

Auf meine gestrigen Einwände, dass es doch
noch mindestens vier Wochen bis Weihnachten
wären, meinte meine Gastmama nur, dass wir dieses
Jahr echt spät dran wären. Und ich dachte bis jetzt

immer, dass es viel zu zeitig ist, den Baum vor dem 23. Dezember aufzustellen?[68] *verwirrt-guck*

Egal. Bis gestern 17 Uhr war noch *Thanksgiving*. Übrigens HAPPY THANKSGIVING! Allerdings wechselte der Radiosender schlagartig 17 Uhr über zur Weihnachtsmusik. Schrecklich. *schnief* Wir hatten übrigens sogar letztendlich den Kampf gegen den 10 Pfund Truthahn gewonnen. Er lag dann ganz brav auf dem Teller, neben lustigen Bohnen und selbst gemachten Kartoffelbrei. *strahl* Wir haben das erste Mal für mich überhaupt im Esszimmer gegessen. Sonst essen wir ja immer in der Küche. Aber spezielle Gelegenheiten erfordern dann wohl spezielle Rahmenbedingungen. ☺ Dann habe ich noch eine Kürbispastete (also das vermute ich jetzt einfach mal bei „*pumpkin pie*") probiert, aber ich konnte das wirklich beim besten Willen nicht essen.[69] *traurig-guck* Und dann wurde ich auch noch gezwungen die Reste zu entsorgen. ☹ Ich kann doch kein Essen wegschmeißen.

---

[68] Da zeigte sich mal wieder wie unterschiedlich auch und gerade familiäre Traditionen sein können.

[69] Das war tatsächlich das einzige Mal, dass ich etwas nicht gegessen habe. Ich wollte absolut nicht unhöflich sein, aber ich konnte den Bissen *pumpkin pie* beim besten Willen nicht runterschlucken. Bis heute bin ich bei Kürbis unheimlich skeptisch. Zum Glück hatte meine Gastmama als Alternative noch eine Schokoladenpaste-te. ☺

Natürlich ist mir nachträglich wieder mal noch einiges zu der letzten E-Mail eingefallen. Unter anderem wollte ich euch doch noch die „wir-kaufen-Kinokarten-Geschichte" erzählen. Wir, d.h. meine Beiden und ich, standen vor der Kinokasse und wollten Karten für „Happy feet" kaufen. Ich sag' der guten Frau also, dass ich bitte Karten für zwei Kinder und einen „student" für die 13-Uhr-Vorstellung haben möchte. Sie meinte dann lieb und nett „USD 28,-". Ich habe ihr dann lieb und nett erklärt, dass ich keine USD 28,- für drei Personen bezahlen werde. Dann habe ich ihr das ganze auch noch vorgerechnet und schließlich nach mehrmaligem erneut Berechnenlassen des Betrages meinte sie zu mir, „ich dachte zwei Kinder und zwei Erwachsene". *grübel* Seh' ich so breit aus oder so als bräuchte ich noch einen Erziehungsberechtigten im Kino? *grummel*

Ich war gerade mit meinen beiden für fast zwei Stunden auf einem Spielplatz. *Stolz-guck* Ja, ganz wirklich. Ich habe mich sogar fast freiwillig an die frische Luft begeben. *staun* Aber auch nur, weil es heute ausnahmsweise mal nicht regnet und die beiden sich sonst noch irgendwann gegenseitig... ähm lassen wir das. Jedenfalls habe ich mir nun an meiner linken Handinnenfläche mutmaßlich eine Blase gerieben. Ich sollte es einfach lassen! Aber nein, ich musste ja unbedingt ausprobieren, ob ich mich noch rückwärts in einer Art Umschwung auf einem Klettergerüst hochziehen kann. *Augen-verdreh* Im Übrigen habe ich es doch tatsächlich geschafft. ☺ Dann habe ich mir natürlich auch noch den Kopf gestoßen, als ich rutschen wollte, aber hey, immerhin habe ich mir nicht wie manch andere die Beine beim Rennen selber gestellt! Wusstet ihr übrigens, dass ich hier bis jetzt noch nirgendwo eine Altersbegrenzung für die Benutzung von Spielplätzen gesehen habe?

Es weihnachtet sehr? – Happy Thanksgiving!

Also, soweit zu mir heute. Mal sehen, ob ich in absehbarer Zeit wieder Langeweile, die mich zum Schreiben drängt, verspüre. *wart*

Viele liebe, mittlerweile sichtbar schon weihnachtlich angehauchte, Grüße aus dem großen Land hinter dem noch größeren Wasser!
Eure allerliebste Lieblings-Stefanie

Sicht auf zwei Welten im Advent

Allein in Amerika... (19) – 3. Dezember

Advent, Advent ein Lichtlein brennt

Ja ja, es ist eigentlich so was von unglaublich, dass wir nun schon wieder Dezember und den ersten Advent haben. Ich bin mittlerweile schon VIER Monate hier auf der anderen Seite des großen Wassers zu eurer linken. Ja, ich weiß: Orientierungssinn und dann auch noch Fachbegriffe, aber ich hatte ja nun schon fast ein halbes Jahr keine Schule mehr. ;) War doch schon eine richtig schöne Zeit und glaubt es oder nicht, ich würde manchmal einfach gerne die Zeit zurückdrehen und alles (naja, vielleicht nicht alles) noch einmal erleben. Aber ich bin mittlerweile zu der Überzeugung gekommen, dass das nicht funktioniert. Ich habe das schon mehrfach ausprobiert. Aber die Gegenwart ist ja auch eine, im Großen und Ganzen betrachtet, richtig schöne Zeit. Ich wollte damit eigentlich nur sagen oder besser schreiben, dass ich mich hier immer noch super wohl fühle, aber so kurz vor Weihnachten kommen doch verstärkt immer wieder Erinnerungen an die „gewohnten" Sachen hoch. *schnief* Nicht lachen, aber ich vermisse sogar schon den Chor, obwohl ich am Ende einfach nicht mehr in der Lage war der Sache viel Spaß abzugewinnen. Aber das gehörte nun mal in den letzten fünf (?) Jahren zur Adventszeit dazu.

In der letzten Woche ist mal wieder (wie kann es auch anders sein) eine Menge passiert. Also, erst einmal habe ich am Montag ein Paket von Zuhause bekommen. Allerdings ist das so eine Sache, denn da sind einige Geschenke für mich *freu* drin, die ich aber natürlich noch nicht aufmachen durfte. Also rein theoretisch wär das schon irgendwie gegangen, aber meine Mama hat gesagt, ich darf nicht... so habe ich nun schon Nikolaus-, Weihnachts- und auch Namenstags-Geschenke in meinem Schrank und was ist? Ich darf die nicht aufmachen. *grummel* Naja, aber Nikolaus ist ja nicht mehr so lange hin. Das schaff' ich schon noch bis zum 6. Dezember! Das war doch am 6., oder? So was gibt es hier nicht. *traurig-guck* Aber was mit den restlichen ist? Na, mal sehen. Meine Gastmama hat mich im Übrigen ausgelacht, als ich meinte, dass ich Geschenke bekommen hab', aber die noch nicht aufmachen darf. Sie meinte, dass ich die ja unter den Baum legen könne. Na klar, damit ich da andauernd drauf gucken muss. Tolle Idee.

Außerdem haben meine Beiden noch ein Paket von Annes bester Freundin mit Weihnachtsgeschenken vom letzten Jahr bekommen. Eigentlich kommen die Geschenke immer um Ostern rum. *verwirrt-guck* Das hat sich jetzt so eingependelt, da meine Beiden ja auch noch kurz vor Weihnachten Geburtstag haben und so wenigstens ein paar Geschenke ein wenig verteilt über das Jahr kommen. Außerdem hat sie es immer vergessen pünktlich zu schicken. ☺

Jedenfalls wurde dann nach dem Abendessen der Karton geöffnet und ein wahrer Geschenke-Regen ergoss sich um den Weihnachtsbaum herum. Bei einem Geschenk war schon das Papier aufgerissen und was soll ich sagen, da saßen dann drei (ich habe mich da raus gehalten) Menschen dort und rissen es vollends kaputt. Dann fiel uns ein, erstmal nachzusehen für wen das überhaupt ist. Und für wen war es? Genau, für mich. ☺ Ist das nicht furchtbar lieb? Ich habe jetzt einen großen, total flauschigen Plüschhund, der auf den Namen „Hatschi-Buh" getauft wurde.

Am Mittwoch habe ich dann schon wieder Post bekommen. *happy-dance* Ich bin an den Briefkasten, nichts Böses ahnend und da war doch ein ziemlich großer Umschlag drin. Im ersten Moment habe ich mich eigentlich nur gefragt, warum der Postbote so einen großen Umschlag in so einen KLEINEN Briefkasten stopft und ihn nicht einfach zur Tür bringt. Damit wäre wahrscheinlich allen geholfen. ;) Im nächsten Moment frag' ich mich natürlich, wer um Himmels willen so ein unhandliches Briefchen verschickt und als ich ihn dann doch irgendwann draußen hatte und ich MEINEN Namen drauf gelesen hab', da habe ich mich riesig gefreut! *freu* *spring* Jule hat mir oder besser uns drei Adventskalender geschickt! Das ist soooooooooo lieb! ☺ ☺ ☺ DANKESCHÖN! Natürlich waren auch meine Beiden restlos begeistert und ich hatte ein neues Mittel um kleine Kinder zu bestechen! Adventskalender kennen sie im Übrigen hier auch nicht. Faszinierend.

Dann waren wir noch in der Kirche. Sie hatten da so eine Art Weihnachtsbasar mit unterschiedlichen Bastelstationen aufgebaut. Außerdem konnte man typische Weihnachtsspezialitäten probieren und und und... Dann spielte eine Jugendband Weihnachtslieder und zwischendurch wurde immer wieder einiges über den Advent und die (Vor-) Weihnachtszeit erzählt. Das war richtig schön, auch wenn es ziemlich lange ging. Wir sind dann eher gegangen, da ja Donnerstag wieder alle früh aufstehen mussten.

Am Donnerstag sind wir wie immer zur Schule gefahren, allerdings klangen die Autogeräusche irgendwie nicht normal. Als wir an der Schule ankamen, habe ich mir erstmal mein Auto etwas genauer angesehen und festgestellt, dass das linke Hinterrad (sagt man das?) ein bisschen wenig Luft hatte. *grummel* Ich habe also meine Beiden in die Schule rein gebracht und dann nochmal nach dem Rad geguckt. Es wurde immer weniger. Argh, was macht man denn bitte in so einem Moment? Ich habe dann erstmal meine Gastmama angerufen und ihr gesagt, dass der Reifen ein bisschen wenig Luft hätte und es immer weniger wird. Des Rätsels Lösung: Ich sollte zu einer Tankstelle fahren und dort den Reifen wieder aufpumpen. Soweit so gut. Als ich meinte, dass ich doch gar nicht weiß wie man das macht, hat sie nur gelacht. DANKE! Ich bin kurz vorm Durchdrehen und sie freut sich. Wenigstens eine von uns, die es lustig fand. Jedenfalls bin ich dann direkt zur Tankstelle gefahren – obwohl ich das ja eigentlich gar nicht wollte – aber es war doch eine ganz gute Entscheidung. Als ich endlich dort ankam und mal wieder nach meinem Reifen gesehen habe, war er PLATT... also bis nach Hause und dann zur Tankstelle hätte ich es wahrscheinlich nicht mehr geschafft. Ich bin dann in die Tankstelle rein gegangen und habe dem netten Menschen drinnen total aufgelöst mitgeteilt, dass mein Reifen platt sei. Er meinte nur, ich sollte ihn halt wieder aufpumpen. Nach dem dritten *„ER IST ABER RICHTIG PLATT"* hat er es dann auch mitgeschnitten und einen Mechaniker geholt. Na endlich! Schlussendlich hatte ich eine Schraube oder so was im Rad. Keine Ahnung wo ich die her hatte. *Schulter-zuck* Er hat den Reifen jedenfalls wieder geflickt und bis jetzt sieht alles in Ordnung aus. Puh. *erleichtert-guck*

Als ich meine Beiden nachmittags von der Schule geholt hatte und wir wieder Zuhause waren, war meine Gastmama schon da und die POST auch! *thumbs up* Die kommt eigentlich immer so gegen 15 Uhr, aber manchmal auch erst nach 19 Uhr. Das ist immer vom Postboten abhängig. Jedenfalls hatte ich schon wieder Post! *freu* Einen (meinen ersten) Brief aus Norwegen! Elisa hat mir geschrieben! *strahl* Ich war also erstmal voll und ganz mit meinem Brief beschäftigt und habe dem ganzen „ummich-rum-Geschehen" keine große Beachtung geschenkt. Zumindest so lange, bis meine Gastmama in mein Zimmer kam und meinte, sie müsste mir mitteilen, warum sie denn heute eher von Arbeit gekommen sei. Das war mir eigentlich irgendwie egal, ich war ja mit meinem Brief voll und ganz beschäftigt. ;) Aber okay. Sie meinte, dass sie ein Weihnachtsgeschenk für mich gekauft hätte. Mmmmmh. Für mich? *freu* Allerdings hatten wir ja noch November und Weihnachten war soooooooo weit weg. Jedenfalls könne sie es nicht alleine tragen, ich könne es nicht mit zurück nach Deutschland nehmen und zusammenbauen müsste ich es auch selber. Na toll, was soll das denn bitte sein? *ratloser-Blick* Sie hat ein e-Piano gekauft! *freu* *durch-die-Luft-spring* *juchhuuu* Das habe ich am Freitag auch gleich aufgebaut und was soll ich sagen, es funktioniert! *Stolz-guck*

So meine lieben Mitmenschen, ich hoffe, ihr habt wieder einigermaßen Spaß beim Lesen gehabt und fühlt euch jetzt wieder ein wenig an meinem Leben beteiligt! *erwartungsvoll-guck* Vielen lieben Dank für Post und alle anderen Zeichen aus der alten Welt! Ich hoffe, ihr habt einen wunderschönen ersten Advent, eine schöne Adventszeit und natürlich auch ein fröhliches und gesegnetes Weihnachtsfest!

Viele liebe Grüße aus Amerika!
Stefanie

P.S.: Wenn ihr immer noch denkt, dass die amerikanischen Filme übertrieben gedreht werden, muss ich euch leider mitteilen, dass es hier wirklich so viele Weihnachts-Hausbeleuchtungen gibt: weiß, grün, rot und einfach nur unheimlich BUNT! Kitsch?

Deutsche Erziehung trifft auf amerikanischen Weihnachtstrubel

Allein in Amerika... (20) – 11. Dezember

Advent, Advent und auch das zweite Lichtlein brennt

… das wiederum bedeutet ja nun, dass es nur noch zwei Wochen bis Weihnachten sind. Ist das nicht total eigenartig? *Schock* Ich möchte immer noch nicht, dass Weihnachten wird! Mit diesem ganzen Konsumrausch um mich herum, fühl' ich mich zeitweise einfach nur total überfordert. *seufz* Aber wie meine Gastmama immer so schön sagt (sinngemäß natürlich – so gut ist ihr Deutsch dann doch nicht): *„Reiß dich gefälligst zusammen, ist ja nur für das eine Jahr!"* Okay. Dann werd' ich mich wohl auch weiterhin mit meinen lieben *„Ich-schmeiß-auch-noch-meinen-letzten-Cent-zum-Fenster-raus"* Mit-Amis „herumschlagen".[70]

---

[70] Über die Jahre ist mir immer mehr bewusst geworden wie untypisch amerikanisch meine Gastmama ist. Auf Pump wird von ihr, abgesehen von einem Haus, nichts gekauft. Konsumentenkredite, die drüben – naja und hier ja mittlerweile auch – Standard sind, werden von ihr kategorisch abgelehnt. Nichtsdestotrotz ist es für Amerikaner ganz normal sehr, sehr, sehr viele (unnötige?!) Sachen auf Kredit zu kaufen, auch wenn sie sich die überhaupt nicht leisten können. Teilweise werden gerade so die monatlichen Tilgungsraten bedient, wobei ich mir nach wie vor nicht sicher bin, wie spitz auf Knopf diese berechnet wurden. Sobald etwas Unvorhergesehe-

Die Woche war mal wieder, wie immer eben, ziemlich erlebnisreich. Angefangen mit der Tatsache, dass ich mich andauernd mit dem lieben Computer rumärgern musste. *grummel* Irgendwie ist er ständig der Meinung, dass er nicht so möchte wie ich und das wiederum finde ich nicht nur sehr unnett, sondern macht mich immer ganz wuschig! *grins* Jedenfalls ist er in den letzten sieben Tagen des Öfteren abgestürzt. Beispielsweise musste ich für meinen Kurs eine Präsentation über Thomas Jefferson (ihr wisst schon den 3. Präsidenten der USA und Hauptautor der *Declaration of Independence* *Stolzguck*) erstellen. Da habe ich mir natürlich gedacht, machen wir mal eine Powerpoint-Präsentation. Das dauert ja nicht so lange und sieht auch meistens noch gut aus. Und was ist? Natürlich, wir streiken. Also, der Computer. Das war vielleicht nett, nicht dass ich den Vortrag heute halten musste. Wäre schon ziemlich blöd, aber zum Glück hat Au Pair ja ihre Gastmama. Anne hat die liebe Technik wieder irgendwie zum Laufen gebracht. *thumbs up* Und es war auch nicht „alles" bereits Geschriebene verloren. Also, durfte ich am Samstag früh meine Präsentation endlich fertig stellen.

Am 3. Dezember war unser Weihnachts-Cluster-Treffen. U.a. gab es ein „*Christmas sing along*" und jede von uns hat eine rote Weihnachtsmütze bekommen.

---

nes passiert, können sie ganz schnell nicht mehr bedient werden. Schon damals ist es mir aber scheinbar sehr aufgefallen, dass das Konsumverhalten unnötig war. Jeder will jeden beeindrucken, obwohl er es sich gar nicht leisten kann... Gruselige Gesellschaftsentwicklung.

Dann habe ich zusammen mit Elli hier auch noch eine Runde Plätzchen gebacken.

Einige haben es wahrscheinlich mittlerweile schon mitbekommen, dass Elli ihre Gastfamilie gewechselt hat. Im Übrigen hat sie nun eine neue Familie gefunden. Allerdings gab es einige Tage ihres *Rematches*[71] in denen wir gar nicht wussten, was passiert. Jedenfalls ist Elli vor einer knappen Stunde von ihrer neuen Gastfamilie hier bei uns abgeholt worden.

In der Zwischenzeit ist Elli sozusagen übergangsweise – am Sonnabend früh – zu uns gezogen. Offiziell hatten wir ja hier eine „*Christmas-*

---

[71] Ein *Rematch* ist die Neu-Findung einer Gastfamilie vor Ort, soweit sich ein Au Pair entscheidet nicht mehr bei der ursprünglichen Familie zu bleiben.

Party". Inoffiziell haben Anne und ich die grandiose Idee für Elli bei uns eine Überraschungs-Geburtstagsparty zu veranstalten, am 9. Dezember, also ganz stilecht VOR ihrem eigentlichen Geburtstag. ;) Da es sich aber um eine Überraschung handelte, konnte ich ihr das ja aber schlecht sagen und sie somit dazu bringen alles in ihre Pläne „einzuarbeiten". Schwierig, schwierig! Aber gut, hat ja nie jemand behauptet, dass das einfach werden würde, nicht wahr? ☺ Allerdings hat Ellis Anwesenheit im Haus und ihre Unkenntnis über die wahre Veranstaltung die ganze Aktion nicht unbedingt vereinfacht. Schlau wie wir sind, haben wir Elli natürlich eine „falsche Uhrzeit" für die „Weihnachtsparty" gesagt. Da sie nun der Ansicht war, es geht 19 Uhr los, haben wir sie so aus dem Haus bekommen. Meine Beiden sollten schon vorher was gegessen haben, bevor alle kommen und dann musste ich natürlich noch tanken (ich habe sogar ein Lämpchen, das aufleuchtet, wenn es mit Sprit knapp wird. Allerdings habe ich es bis gestern noch nie in Aktion gesehen. *tüdelü*). Ach ja und dann mussten wir unbedingt noch mal einkaufen gehen. Anne hatte doch in ihrem Großeinkauf (über USD 200,-) die Nudeln „vergessen". ;) Elli war komplett ahnungslos. Aber ich dachte die ganze Zeit, wenn ich was für mich offensichtlich Verratendes gesagt hatte „*oh nein, jetzt hat sie es gemerkt*". Hatte sie zum Glück aber nicht. Trotzdem kamen dann immer solche Fragen wie „*Warum gehen wir denn jetzt noch Essen?*" und „*Was machen wir, wenn die anderen schon da sind?*". Sie war immer der Überzeugung, dass wir zu spät kommen... sind wir im Endeffekt auch. Aber geplant. *lalala* Aber erst rief Anne andauernd an, dass noch keiner da sei und dass wir uns Zeit lassen sollen und dann waren schon alle da und wir waren noch nicht fertig. Endlich angekommen, wollte Elli irgendwie nicht zuerst ins Haus gehen. Sie hatte Angst, dass Anne sauer ist, weil wir so lange weg waren. ☺ Und dann saßen alle Mädels schon im *living room*. Leider stand ich hinter Elli, so dass ich nicht alles 100%ig sehen konnte. *schnief* Als erstes habe ich nur meine Gastmama freudestrahlend auf der Couch sitzen sehen. Dann haben meine Beiden Elli erstmal ins Zimmer gezerrt und da hat sie erst die ganzen Leute gesehen und dann als „*Happy Birthday*" gerufen wurde, meinte sie nur „*Wen meint ihr jetzt eigentlich?*" Hat sich also vollkommen gelohnt! ☺ ☺ ☺

So, da ich meine Finger mittlerweile nicht mehr richtig bewegen kann, hier ist es ein bisschen kalt, werde ich jetzt erstmal aufhören. Ich wünsche euch natürlich eine superschöne Woche und freue mich wie immer über Post jeglicher Art!

Viele liebe Grüße aus dem immer noch ziemlich warmen Amerika!
Eure Stefanie

Happy Birthday

Allein in Amerika... (21) – 19. Dezember

Advent, Advent und *finally* auch das dritte Lichtlein brennt

Erkenntnis dieser Mail: Wir haben hier im Haus keinen Adventskranz. *schnief* Aber dafür in der Kirche. Meine Gastfamilie kommt übrigens am Sonntag, also Heiligabend, mit mir mit in die Kirche. *freu* *strahl* Habe ich euch schon erzählt, dass ich seit einigen Wochen sonntags mit mir selber in die katholische Kirche fahre? Erst war ich eine Zeit lang mit meiner Gastfamilie in deren Kirche, aber so richtig hat sich das für mich nie wie Kirche angefühlt. Eher wie Theater? Mit Band und Text, der an die Wand projiziert wird und Leuten, die leicht tanzend an ihrem Platz stehen. Das ist wirklich ein Erlebnis, aber für mich alles andere als was ich mit „Kirche" assoziiere. Seitdem ich mich (ganz alleine) in die katholische getraut habe, fühlt sich das deutlich vertrauter an. ☺

Wie dem auch sei, anderenfalls wäre ich sonst wahrscheinlich mit ihnen mitgegangen, weil ich Weihnachten nun wirklich nicht „alleine" in die Kirche gehen wollte. ☺

Ansonsten hatten meine Beiden letzte Woche Geburtstag und haben ziemlich viel Zeug bekommen, obwohl es zu Weihnachten noch viel mehr geben wird. So zumindest die Vorwarnung. Achso, amerikanische Geburtstage werden scheinbar abends gefeiert. Der Tag läuft bis auf ein „*Happy Birthday*" am frühen Morgen ziemlich normal ab. Meine Gastmama hatte aber an beiden Tagen frei, um die Geschenke einzupacken (das macht sie immer auf die letzte Minute *lach*) und dann natürlich noch *Cupcakes* und Milch in die Schule zu bringen. Abends wurden dann erst die Geschenke ausgepackt und natürlich auch noch ein richtiger Schokoladenkuchen gegessen (so mit richtiger, klebriger, zuckerhaltiger, amerikanischer Schokoladenglasur).

Wir haben hier an jedem der beiden Kuchen fast eine Woche gegessen. Wie dem auch sei, ich habe mittlerweile den Eindruck, dass sich der Geschenke-Haufen unter dem Baum ständig, also wirklich zusehends, vergrößert. *Angst*

Desweiteren waren wir am Samstag in Baltimore. Der Ausflug war das Geburtstagsgeschenk für meine Beiden. Wir waren im Aquarium und haben unter anderem eine Delphinshow gesehen, in einem riesigen *indoor* Abenteuerspielplatz und nicht zuletzt auch noch bei McD. Aber keine Angst, meine Gastmama hat sich ihr Mittag vorher beim Mexikaner gekauft und es dann nur dort gegessen.[72]

Unser Wetter stellt übrigens für winterliche Verhältnisse eine einzige Katastrophe dar. Wir hatten hier in den letzten Tagen immer über (plus) 20 Grad Celsius – die globale Erderwärmung lässt grüßen? Meiner Meinung nach ist es da auch kein Wunder, dass ich nach unserem Baltimore-Abenteuer krank geworden bin. *schnief* Jedenfalls konnte man Sonntag und Montag nicht wirklich viel mit mir anfangen. Es war also doppelt gut, dass meine Gastmama für Michaels Geburtstag frei hatte. *thumbs up* Eine Erkenntnis meines Krankseins: Wir haben doch Alkohol im Haus, wenn auch nur im Medizinschrank. ;) Aber keine Sorge, mir geht's schon wieder ganz gut. Auch wenn meine Stimme noch immer ein wenig zu wünschen übrig lässt. *krächz*

Ich hatte übrigens am Donnerstag meine allerletzte „*Grammar & Composition*" Stunde. Am Donnerstag war die Abschlussparty und nächstes Jahr habe ich dann hoffentlich einen weniger langweiligen Kurs! *daumendrück*

---

[72] Wie schon erwähnt, für amerikanische Verhältnisse legte meine Gastmama sehr großen Wert auf gesunde Ernährung. Bei McD waren wir nur zu diesem Geburtstagsausflug, weil es sich meine Beiden gewünscht hatten.

Unser quasi offizielles *Graduation* Bild: Credits to Anna ☺

So, dass war es erstmal von mir. Ich wünsche euch allen eine frohe, besinnliche und natürlich gesegnete Weihnachtszeit! Vielen lieben Dank für sämtliche Weihnachtspost und natürlich viele liebe Grüße von mir aus Amerika!

Eure Lieblings-Stefanie

P.S.: Die Post mach' ich aber erst Weihnachten auf. So lange muss sie jetzt noch warten.

Merry Christmas

Allein in Amerika... (22) – 23. Dezember

Weihnachten in Amerika

Unglaublich aber dennoch wahr,
Stefanie verbringt Weihnachten in Amerika.
Nach dem Motto „*Advent, Advent...*" erzähl' ich Euch
heut', dass auch hier ab und an ein Lichtlein brennt.

Advent, Advent EIN Lichtlein brennt
und bereits seit mindestens einer Woche die
amerikanische Welt ein bisschen *crazy* rennt.
Thanksgiving ist noch nicht vorbei, da steht der
Baum schon eins, zwei, drei.
Behängt wird er mit allerlei, auch viele skurrile
Sachen sind dabei.
Meine Überzeugung hat sich gefestigt ganz
generell,
dass kein Europäer *would act like* Anne, Michael *and*
Michelle. ☺
Of course we are in America,
that's why it is not sonderbar.
Advent, Advent EIN Lichtlein brennt, die
GANZE Welt so *crazy* rennt?

Advent, Advent, das ZWEITE Lichtlein brennt,
doch scheinbar Besinnlichkeit hier keiner kennt.
Heimlichkeiten nicht zu knapp,
aber eigentlich nicht wegen der Weihnacht.
Geburtstage stehen an zuhauf,
da gibt's Ausreden wie einen Einkauf.

129

Allein in Amerika

Elli wird da kurzerhand
unwissend aus dem Haus verbannt
und kommen wir wieder ein bisschen *late*,
macht sie sich Sorgen wir bekommen Ärger, weil wir
sind zu spät.
Doch schubsen wir sie zur Stube rein,
„*Happy Birthday*" alle zur Überraschung schrei'n.
Advent, Advent, das ZWEITE Lichtlein brennt,
Besinnlichkeit hier wirklich keiner kennt!

Advent, Advent, das DRITTE Lichtlein brennt
und die liebe Zeit, sie rennt!
Langsam wird es immer enger,
und die Liste scheinbar länger.
Für wen muss ich noch was besorgen,
ist da nicht auch noch ein Geburtstag morgen?
Ja ja, es ist schon nicht so leicht,
die Adventszeit hier im Ami-Reich.
Aber ich bin nicht ausgelastet, nein,
ich muss schließlich auch mal krank sein.
Nach dem *trip to Baltimore*,
komm' ich mir ganz komisch vor. Habe mich
scheinbar dort verkühlt,
was wohl auch am Wetter liegt.
Immerhin steh'n hier im Winter
more than 20 Grad dahinter…
Celsius sei wohl gemerkt,
sonst würd das hier keinen *care*(n)!
Advent, Advent, das DRITTE Lichtlein brennt
und die liebe Zeit immer noch unaufhaltsam rennt!

Advent, Advent
und *finally* auch das VIERTE Lichtlein brennt.

Briefe, Päckchen und so Sachen,
die das Herz gleich springen lassen!
Geh' ich dann zur *mailbox* raus,
fall' ich über Pakete, die steh'n direkt vorm Haus.
Klingeln oder klopfen tut hier keiner,
stell'n die einfach vor die Tür, die find' schon einer.
Natürlich soll'n die auch unter unsern ach so
schönen Weihnachtsbaum,
doch werden wir bald einen größeren brauch'n.
Immerhin sind da bereits so viele Geschenke,
dass da wirklich nichts mehr drunterpasst, ich denke!
Advent, Advent,
ja auch hier endlich das VIERTE Lichtlein brennt.

Ich werd' es sehen, dass berühmte fünfte Licht,
meine Gastmama mir verspricht.
Auch wenn wir haben keinen eigenen Kranz für'n
Advent,
in den Kirchen man ihn trotzdem kennt.
Und nun könnt ihr lesen und auch staunen,
dass Baptisten ihren tatsächlich mit FÜNF Kerzen
„bauen".
Ich hab's gesehen mit eigenen Augen,
doch so recht wird mir das wohl keiner glauben.
Sie wird „*christ candle*" genannt
und genau am Heiligen Abend angebrannt.
Also Augen zu und wieder auf
immer noch Adventskranz mit FÜNF Kerzen drauf.
Besides und das am Rand *I say*: „*It is really
confusing to have the difference between Christmas
Eve and Christmas Day!*"
Aber spätestens am 24. werd' merken auch ich,
dass es Geschenke gibt's und zwar auch für mich,

Allein in Amerika

aber oh Schreck und oh nein,
die sollen erst morgen mein Eigentum sein.
Advent, Advent
hier auch noch das FÜNFTE Lichtlein brennt.

Advent, Advent
ja ich möcht' nun auch wissen, was ihr so denkt!
Ich würd' wirklich gern hören von euch allen,
ob es euch hat gefallen...?
Wenn nicht, naja da kann ich auch nichts machen,
doch dachte ich, das sind mal andere Sachen.
Immerhin *I think by* mir,
wer bringt schon ein solches *Christmas*-Gedicht zu
Papier?
Einen riesengroßen Dank an alle,
denen ich immer noch einfalle!
Ich denk' mittlerweile so bei mir,
dass ich mich unendlich freue über richtige Worte auf
echtem Papier!
Keine Übertreibung, dass ist ehrlich so,
diese Worte sind bestimmt die schönsten Geschenke
von Freunden, Verwandten und co.
Es tut mir auch unendlich leid,
dass ich nicht hatte für jeden persönlich Zeit,
um zu schreiben allen eine Karte
und hoffe, dass ihr nicht auf solche wartet.
Falls dem doch so sollte sein, dann glaubt mir,
ich denk' an euch alle natürlich auch hier.
So, dass wollte ich noch sagen
und nun kann ich es, denk' ich mal, wagen
euch allen zu wünschen eine frohe, gesegnete
Weihnacht
mit BESINNLICHKEIT auch nicht zu knapp!

Merry Christmas

Viele liebe amerikanische Grüße
über die große, wasserreiche Pfütze!
Natürlich auch einen supergenialen Rutsch nach
2007, ins neue Jahr,
in dem wir uns alle wiedersehen! Hoffentlich wahr!

Merry Christmas, *good-bye and* adiö
ruft strahlend eure allerliebste Lieblings-Stefanie

Bye-bye 2006 – Hello 2007!

Allein in Amerika... (23) – 11. Januar

Guten Morgen meine lieben Europäer, Amerikaner, Noch-Amerikaner, Ex-Amerikaner, Ex-Europäer und natürlich auch alle anderen, die sich jetzt noch nicht persönlich angesprochen fühlen!

Als erstes möchte ich euch allen natürlich noch ein frohes und gesegnetes Jahr 2007 wünschen! Ich hoffe, es bringt euch nur Gutes und ihr macht das Beste daraus! *daumendrück*

So, aber dann fangen wir doch einfach mal an. Weihnachten: ja, das ist jetzt schon wieder eine ganze Weile her. Eigentlich ist es ja schon fast wieder verjährt. ;) Also Weihnachten ist hier irgendwie ganz anders. Ich meine, erst machen die hier alle so einen Aufriss von wegen den Baum schon im November aufstellen und dann ist Weihnachten und vom eigentlichen Fest bekommst du nichts mit, weil es schon so gut wie vorbei ist. Amerikaner leben im JETZT und denken nicht unbedingt an MORGEN. Also ich meine, an die Zukunft denken die hier eigentlich nicht so wirklich. Man siehe „Mülltrennung" und solche Späße. *lalala* Hier ist eben alles irgendwie so ganz anders. Das haben wir ja schon zur Genüge festgestellt…

Fangen wir doch einfach nochmal beim 24. Dezember an:

Der 24. Dezember wird hier immer als *Christmas Eve*, also als Weihnachtsabend bezeichnet. Das wiederum finde ich sehr verwirrend. Immerhin bin ich ja gewöhnt von Weihnachten, als dem 24. Dezember und dann noch vom ersten und zweiten Weihnachtsfeiertag zu reden. Jedenfalls hatte sich meine Gastmama in den Kopf gesetzt, den 24. Dezember mir zu Liebe wenigstens ein bisschen europäisch zu gestalten. Wie sich später, naja eigentlich schon eher (meine Gastmama kann keine Geheimnisse für sich behalten *glucks*) herausstellte, stand Elli seit einiger Zeit im regen Telefon- und E-Mail-Kontakt mit meiner Mama Zuhause. Letztendlich war meine Gastfamilie mit mir in der Kirche, außerdem gab es Kartoffelsalat und Wiener Würstchen.[73] Also so deutsch traditionell wie es eben möglich war. Abends durften wir – Michelle, Michael und ich natürlich auch ☺ ☺ ☺ – noch jeweils EIN Weihnachtsgeschenk, das bereits seit Wochen (!) unter dem Baum lag, öffnen.[74] Michael hatte da mit seiner Wahl nicht so einen Glücksgriff getan, aber so ein paar Hosen kann man doch

---

[73] Ich bin mir heute ziemlich sicher, dass es Hot Dogs waren, weil Anne einfach keine Wiener auftreiben konnte. Und der Kartoffelsalat? Schlussendlich war er gekauft. Der Aufwand, der normalerweise Zuhause dafür betrieben wird, war vor Ort und ohne Ahnung, was genau passieren würde, zu ungewiss und zeitaufwändig. Wie dem auch sei, hatte sich Elli an die Übersetzung meines elterlichen Rezeptes gemacht. Ein Punkt der mir wahrscheinlich noch sehr lange im Gedächtnis bleiben wird, war die Übersetzung von „*saure Gurken*". Merke: die korrekte Bezeichnung ist „*pickles*", vermeidet die sehr deutsche Übersetzung mit „*sour cucumbers*". ;)

[74] Aus heutiger Sicht würde ich das als deutsch-amerikanischen Kompromiss bezeichnen.

eigentlich immer gebrauchen. Für Michelle hatte ich mir von Zuhause ein Kissen („*Ohne dich ist alles doof*") schicken lassen. Sie ist von meinem so begeistert. Letztendlich hat sie sich auch GANZ DOLL drüber gefreut. Ich frage mich nur immer noch, wie sie es geschafft hat genau dieses Geschenk, das ich wirklich so unter dem Baum drapiert hatte, dass es eigentlich unmöglich war es zu sehen, zu finden. *schmunzel* Dann hatte ich das Kissen auch noch in zwei Plastik- und in eine Papiertüte „verbannt". Ich meine, es sah eigentlich alles andere als schön aus. *glucks*

Am 25. Dezember durften meine Beiden erst 7 Uhr aufstehen. Michelle war allerdings schon kurz nach 4 Uhr und Michael auch nicht viel später wach. Jedenfalls bin ich dann auch kurz nach 7 Uhr runter. Immerhin konnte man die vielen „*Oh Mama, guck mal...*" und „*Ach wie toll...*" Rufe eigentlich nicht ignorieren. Da es wirklich noch SEHR früh war, war ich mit der Situation noch ein ganz klein wenig überfordert. D.h. die wenigen Bilder sind nicht gerade meine besten. Als alle Geschenke, die am nicht-funktionstüchtigen Kamin lagen, also von Santa Claus stammten, ausgepackt waren – das wiederum dauerte erstaunlicher Weise nicht lange –, sind wir zu denen unterm Weihnachtsbaum gewechselt. Erstmal wurden alle Geschenke verteilt, wobei Michael aus seinen einen Turm baute, bevor er sie schließlich öffnete. Ja und dann ging das große Auspacken los. Ich möchte mich mal an dieser Stelle für all die lieben Karten, Briefe, Pakete, Mails etc. bedanken! Ich habe mich wirklich über jede einzelne Nachricht aus der Ferne und Nähe riesig gefreut! ☺ ☺ ☺ Meine

Gastmama meinte beim Anblick der Ausmaße meiner Weihnachtspost, dass ich mich jetzt nie wieder beschweren dürfte, dass ja nie jemand an mich denkt. Mmmmmh. Mal sehen. ;)

Gegen 9 Uhr war schon wieder alles vorbei. Dann saßen wir am Küchentisch, haben gefrühstückt und uns anschließend ein bisschen mit den Geschenken beschäftigt. ☺ Wir haben an diesem Tag das zweite Mal, seitdem ich hier bin, im Esszimmer gegessen. *staun* Aber sonst? Wie gesagt, hier wird vorher immer ein großes Trara um alles gemacht und dann ist alles sehr schnell vorbei. *Schulter-zuck*

Am 26. Dezember war hier kein Feiertag und Anne ist wieder arbeiten gegangen. Ist das nicht komisch? Jedenfalls hatte ja meine Mama an diesem Tag Geburtstag und da es sich dabei in Deutschland um einen staatlich anerkannten Feiertag handelt, pilgert mehr oder weniger die gesamte Verwandtschaft zu uns. Ich bin mir nicht sicher, ob ihr alle schon mal von „Skype"[75] gehört habt? Wahrscheinlich nicht, aber das ist eine total geniale Erfindung, mit Hilfe derer man über das Internet kostenlos und auch mit Kamera telefonieren kann. (Ich möchte ja jetzt keine Schleichwerbung machen... ;)) Jedenfalls hatten wir das schon am 24. Dezember Zuhause ausprobiert – gut, wenn man Brüder hat, die sowas einrichten können. ;) Letztendlich wurde das Gespräch beendet, weil eine gewisse Person Hunger hatte... Aber nicht verzagen, probieren wir das halt einfach noch mal, nicht wahr? Am Anfang wollte irgendwie keiner so richtig mit mir reden, aber dann waren anscheinend doch alle ziemlich angetan. Ich habe zur Abwechslung mal wieder einige Leute gesehen, die ich schon ziemlich lange oder auch noch nie gesehen hatte. *strahl*

Um das Ganze mal ein bisschen abzukürzen, euch also nicht allzu sehr zu langweilen und mir größere Gehirntätigkeiten zu ersparen, überspringen wir jetzt einfach ein paar Tage und starten am 29. Dezember. An diesem Tag wurde ich abends von meiner Gastfamilie mehr oder weniger vor die Tür gesetzt. Ihr kennt ja nun auch schon zur Genüge meinen unbändigen Drang auf Abenteuer. *Ironie aus* Ich wurde noch öfter darauf hingewiesen, dass

---

[75] Das hat mich zum Schmunzeln veranlasst. 15 Jahre später muss man sich wohl schon wieder ernsthaft Gedanken darüber machen, ob sich die Leute noch an „Skype" erinnern können.

ich ja bitte allen etwas mitbringen, aber doch endlich losfahren sollte. Also bin ich schweren Herzens zu Annie nach Alexandria gefahren. Dort hatten sich mittlerweile schon Elli und Maria eingefunden, die sich gemeinsam mit mir (ich bin mir bis heute nicht sicher warum ich dazu „ja" gesagt habe) ins Abenteuer „Silvester in New York City" begeben haben.

Apropos Silvester: Auch dieser Begriff ist unseren lieben Amerikanern unbekannt, d.h. sie bezeichnen den 31. Dezember als „New Year's Eve" und Neujahr, also den 1. Januar als „New Year". Alles klar? Außerdem ist es in Virginia verboten Raketen und andere Feuerwerkskörper zu zünden, so dass es hier scheinbar ziemlich ruhig war. Jedenfalls haben wir vier Au Pairs uns früh am Morgen, also eigentlich war das noch mitten in der Nacht *müdeguck*, auf den Weg nach Washington DC's Chinatown gemacht. Von dort fuhr unser Bus los. Ich hatte netterweise unsere Tickets für die Tour mit dem Chinatown-Bus für uns alle vier übers Internet gebucht. Natürlich ist das wieder einmal nicht ganz reibungslos verlaufen, wäre ja auch zu schön gewesen, wenn mal zur Abwechslung alles klar gegangen wäre. Ich hatte mich bei der Eingabe meiner E-Mail-Adresse vertippt, so dass ich keine wirkliche Bestätigung für meine Buchung erhalten hatte. Natürlich wurde das Geld trotzdem abgebucht und ich war mir nicht sicher, ob ich jetzt USD 125,- einfach so zum Fenster rausgeschmissen hatte. Mein Gastvater, der das Dilemma von der Seitenlinie mit verfolgt hatte, rief schlussendlich beim Busunternehmen an und schilderte den Fall. Sie meinte, dass das kein Problem sein sollte… *Alright.*

Exkurs: Im Übrigen gibt es in verschiedenen großen Städten diese Chinatown-Busse. Sie ermöglichen zu relativ erschwinglichen Preisen von beispielsweise DC nach New York zu fahren. Sie sind für gewöhnlich immer bis auf den letzten Platz gefüllt und das Personal nicht unbedingt von der freundlichsten Sorte…

Schlussendlich hat auch alles geklappt und *finally* saßen wir dann doch irgendwann im richtigen Bus und das Abenteuer *New York* konnte beginnen. Natürlich sind wir dann gleich erstmal mit unserem gesamten Gepäck – typisch deutsch? ;) – durch New York gelaufen. Wir waren auf der *Brooklyn Bridge*, am *Ground Zero* (also dort wo vorher das *World Trade Center* stand), haben uns den Weihnachtsbaum vorm *Rockefeller Center* angesehen und haben dann die Metro genommen um in unser Hostel zu kommen. Wir hatten eigentlich vier Betten in einem 12-Bett-Zimmer gebucht, aber als wir dort ankamen, meinten sie, sie hätten uns in einem anderen Zimmer untergebracht. So hatten wir einen eigenen Raum mit vier Betten und eigenem Bad ganz für uns alleine und haben dabei sogar noch gespart.[76] *thumbs up* Anfangs waren wir über die Tatsache einen Privatraum zu haben total entsetzt. *grins* Ich glaube, die Mitarbeiter vom Hostel dachten, wir wollten unter allen Umständen in dem 12-Bett-Zimmer schlafen. Unser Unbehagen rührte aber eigentlich nur daher, dass wir einen „Luxus" wie ein

---

[76] In unserer Truppe waren auch zwei Schwäbinnen… Gemeinschafts-Erfolgsprojekt sozusagen. ;)

privates Vier-Bett-Zimmer nicht im Budget
berücksichtigt hatten.

Dann haben wir uns am nächsten Tag auf den
Weg zum *Empire State Building* gemacht. Schlau wie
wir sind, hatten wir uns die Eintrittskarten schon am
Tag zuvor im Hostel gekauft und waren der Ansicht,
dass wir da nun in Null Komma nichts oben wären,
aber nichts da. Zuerst der Marathon an
Sicherheitskontrollen. *schrei* Aber nach etwa zwei
Stunden (ohne Tickets hätten wir mindestens noch 30
Minuten länger gestanden) hatten wir es dann endlich
geschafft auch die letzte Reihe hinter uns zu bringen
und endlich konnten wir New York aus der
Vogelperspektive betrachten... vielleicht eher
Flugzeug, denn außer dem *Central Park*, den wir im
Übrigen an diesem Morgen schon durchquert hatten,
gab es da nicht wirklich viel Natur.

Gegen 16 Uhr machten wir uns auf den Weg zum
Times Square. Immerhin war Silvester und wie oft

hat man schon die Gelegenheit in seinem Leben diese lustige Kugel und den Countdown mit eigenen Augen und Ohren, also *live*, mitzuerleben. Nach mehreren Kontrollen und einigen anderen Zwischenfällen (zwischenzeitlich hatten wir Elli verloren und waren uns nicht sicher, wann wir sie wieder finden würden), standen wir dann auch endlich da, wo wir die nächsten sechseinhalb Stunden verbringen sollten. Glücklicherweise waren es nie weniger als etwa fünf Grad Celsius und der Regen setzte auch erst irgendwann in der Nacht ein. Ich kann an dieser Stelle mal erwähnen, dass ich auf dem *Broadway* gesessen habe. ;) Nach so viel Umherrennen konnte ich irgendwann einfach nicht mehr stehen. Mitternacht und damit der Jahreswechsel kam immer näher. Stündlich wurde ein Countdown runter gezählt. Pünktlich 22 Uhr klingelte mein Telefon und Michelle meinte, sie müsste mir ein „*Happy New Year*" wünschen. Irgendwann habe ich es dann auch aufgegeben ihr ins Handy schreiend erklären zu wollen, dass es noch zwei Stunden dauern würde. Es war einfach zu laut und ja, meine Beiden mussten Zuhause endlich ins Bett. Und dann? War es Mitternacht. Der Countdown wurde schon über 40 Sekunden vorher gestartet. Pünktlich ging auch ein kleines Feuerwerk los und 00:10 Uhr war die Straße gefühlt schon wieder wie leergefegt. Abgesehen von dem ganzen Müll natürlich. Von den ca. zwei Millionen Menschen, die da noch vor wenigen Minuten stundenlang standen, war nicht mehr allzu viel zu sehen. *verwirrt-guck* Irgendwann saßen auch wir endlich in der *Subway* auf dem Weg zurück zum Hostel. Gegen halb zwei waren wir dann auch da. Was soll ich sagen? Ich bin überrascht wie friedlich und zivilisiert alles abging. ☺ Aber auch hier sieht man mal wieder, dass die Amerikaner so ganz anders sind als die Europäer, immerhin wären die meiner Meinung nach nicht sofort verschwunden...

So, mittlerweile schreibe ich nun schon den dritten Tag an diesem Eintrag. Der will und will einfach kein Ende nehmen. Vielleicht hätte ich wirklich eher anfangen sollen? Außerdem sei hier mal an dieser wunderschönen Stelle erwähnt, dass ich mir nebenbei auch noch ganz große Mühe gebe all die Bilder hochzuladen. ☺

Dann begann quasi mein Amerika-Abenteuer Teil 2: *„Stefanie allein in Amerika 2007"*. Pünktlich zum neuen Jahr regnete es natürlich in Strömen, so dass ich eigentlich überhaupt nicht gewillt war aufzustehen, also das Bett, geschweige denn das

Hostel-Zimmer, zu verlassen. Irgendwann bin ich dann aber doch aufgestanden immerhin hatte ich immer noch keinerlei Mitbringsel für meine Drei. Grund genug bei strömendem Regen ohne Schirm auf die Straße zu gehen? Nein, eigentlich nicht. Sehe ich ganz genauso. Aber wenn zwei Menschen durch ein Zimmer rennen, in dem man eigentlich schlafen will... *gähn* (Maria fuhr bereits an diesem Morgen mit ihrer Gastfamilie wieder zurück.) Jedenfalls bin ich dann doch irgendwann aufgestanden und habe mich unter die Dusche geschleift. Nachdem wir mehr oder weniger gefrühstückt hatten – vielleicht sollte ich hier kurz erwähnen, dass wir uns selbst verpflegt und zu diesem Zwecke Toast etc. mitgebracht hatten.[77] Am 1. Januar 2007 bin ich also gemeinsam mit Annie und Elli durch New York gelaufen. Wir haben uns eine Kirche und eine Universität angesehen und sind dann auf dem Broadway entlang gebummelt. Wusstet ihr, dass es dort so unheimlich viele Läden gibt, die es anscheinend wirklich nur dort gibt? Unter anderem waren wir in einem riesengroßen Toys'R'Us. Dort gab es ein Riesenrad und natürlich auch Unmengen an Spielzeug, unter anderem habe ich da das erste und wahrscheinlich auch letzte Mal in den USA Diddl-Produkte gesehen. *staun* Da habe ich meinen beiden jeweils einen Bleistift gekauft, die sind scheinbar sogar billiger als in Deutschland. *verwirrt-guck* Im Endeffekt hatte ich dann auch irgendwann alle Mitbringsel beisammen. Allerdings war das gar nicht so einfach.

---

[77] Ganz präsent sind mir auch noch die Kekse, die wir mit dabei hatten.

Wir standen vor so einem Straßenstand mit Schildern *„vier T-Shirts für USD 10,-"*. Ja, gute Idee, bleibt bloß noch die Frage nach den Größen. Wir standen da zu dritt bestimmt 15 Minuten rum und haben zig T-Shirts in den Händen gehabt. Letztendlich habe ich dann irgendwann meine Gastmama angerufen und sie nach den Größen gefragt. Wieso einfach, wenn es auch kompliziert geht? Ja, ich weiß. Im Übrigen gibt es bei den Kindergrößen wie bei den Erwachsenen immer „S, M, L, XL" oder bei den ganz kleinen Kindern Monatsangaben, aber keine Größen im europäischen Sinne. *seufz* Wenn ihr mich fragt, trägt sowas doch zur allgemeinen Au Pair Verwirrung bei.

Übrigens musste ich mich mindestens einmal am Tag telefonisch bei meiner Gastmama melden. Quasi ein *„still alive"*-Anruf. New York ist laut meiner Gastmama eine gefährliche Stadt.[78] Allerdings musste man eigentlich nie Angst um seine Sachen haben. *grübel* Ja, dann waren wir noch im Kino. Eigentlich waren wir davon überzeugt, dass es eine total tolle Idee wäre, auf dem Broadway einen Kinofilm zu sehen, aber natürlich gab es dort keine Kinos. Letztendlich haben wir nach einigen Stunden des Herumirrens schließlich ein Kino gefunden, so

---

[78] Das war auch soweit ich mich erinnern kann, eher ein untypisches Verhalten. Aber auch viele Jahre später bin ich für meine Gastmama eher wie ein drittes, also wohl eher das älteste und deutsche, Kind. Sie hat mich auch schon mehrfach als ihre deutsche Tochter vorgestellt. Dementsprechend auch meine „Melde-Pflicht". Sie meinte mal zu mir, dass sie nur das macht, wovon sie denkt, dass es meine Mama auch so haben wollen würde bzw. wie sie wöllte, dass ihre eigene Tochter behandelt wird.

dass wir zu Neujahr nicht nur unser erstes Eis[79] gegessen, sondern auch gleich unseren ersten Kinofilm gesehen haben.

Der 2. Januar war dann auch unser letzter New York Tag. Wir haben gegen 7 Uhr aus dem Hostel ausgecheckt, natürlich mit sämtlichem Gepäck. Wir hatten uns für diesen Tag in den Kopf gesetzt, die Freiheitsstatue „*Miss Liberty*" zu bestaunen. Immerhin sollte man das als Tourist gemacht haben! ☺ Mit den ganzen Taschen war es auch nicht allzu schwer sich als solcher zu outen. *grins* In der *Subway* haben wir einen älteren Herrn aus der Schweiz getroffen, der sich uns dann auch kurzerhand anschloss. Elli hat herausgefunden, wenn man zeitig genug kommt, kann man in die Freiheitsstatue rein oder besser bis zu ihren Füßen hoch. Dann begann ein endloses Warten. Unterbrochen von der ersten Durchleuchte- und Angepustet-werd-Kontrolle, befanden wir uns auch schon fast auf der Fähre. Das hatte ich auch irgendwann mehr oder weniger überlebt. Wir sind mit der Fähre erstmal zur Freiheitsstatue rüber gefahren. Mal von dem schrecklich kalten Wind abgesehen, war es eigentlich ganz schön. Aber bis wir endlich an den Füßen der *Miss Liberty* angekommen waren, dauerte das noch eine halbe Ewigkeit.

Habe ich schon mal erwähnt, dass die Amerikaner scheinbar süchtig nach Sicherheitskontrollen sind? Bis wir endlich durch alle

---

[79] … und Ellis ersten McFlurry *ever* – sozusagen ein historischer Moment. ;)

hindurch waren, standen wir bestimmt nochmal zwei Stunden einfach nur dumm rum. Aber schließlich hatten sie mir dann auch die letzte Bombe abgenommen und auch alle meine Messer... also die hätten sie auch eigentlich alle schon bei der ersten Kontrolle sichergestellt. Sehe ich eigentlich wirklich so gefährlich aus? *seufz* Eine reicht doch. ☹ Jedenfalls war auch noch ein Sicherheitskontroll-Ding kaputt, so dass wir uns für etwa 30 Minuten nicht vom Fleck bewegt haben. Eine Geduldsprobe also. Aber was macht man nicht alles, um weiter zu kommen als die meisten. *grübel* Wenn ich das vorher gewusst hätte, dann hätte mich da im Übrigen keiner hinbekommen. Aber das sei nur mal am Rande erwähnt. Ich glaube mittlerweile, dass mir das absichtlich nie jemand vorher sagt. Wie auch immer. Ich kann mich nun stolzer Besitzer von Freiheitsstatue-Bildern nennen.

Immerhin dürfte damit New York abgehakt sein. Nach der Freiheitsstatue, von der ich im Übrigen fast runter geweht worden wäre, – der Wind war schrecklich! – waren wir auch noch auf *Ellis Island*.

Und dann auf dem Weg zurück nach Chinatown sind wir noch an der *Wall Street* vorbei gelaufen und dann saßen wir auch endlich irgendwann im Bus zurück nach Washington DC. Da Maria ja nun schon eher zurückgefahren ist, saß ich auf der Rückfahrt neben einem mir völlig unbekannten Menschen, der soweit ich mich erinnere, aus der Bronx stammte.[80] Jedenfalls haben wir in den gut vier Stunden Rückfahrt mehr oder weniger ein Frage & Antwort-

---

[80] Man muss hier wissen, dass zumindest damals die China-town-Busse immer bis zum letzten Platz vollgestopft wurden… Vorher fuhr der Bus nicht los.

Spiel gespielt. Als wir in Washington DC endlich ankamen, sind wir auf schnellstem Weg zur Metro und dann nach Alexandria. Leider haben wir unseren Bus um ZWEI Minuten verpasst, so dass wir uns schließlich auch noch ein Taxi bis zu Annie genommen haben. Schlussendlich bin ich dann noch nach Hause gefahren und eigentlich mehr tot als lebendig ins Bett gefallen. Auf dem Küchentisch lag ein „*Happy New Year*" & „*Welcome home*"-Begrüßungszettel. ☺ Total lieb!

Jedenfalls war damit mein New York Abenteuer beendet.

Am Sonnabend war ich mit Jessi in Washington DC. Erst haben wir uns das *Air & Space Museum* angesehen, dann waren wir noch in der Union Station (das ist ein großer „alter" Bahnhof) und dann waren wir auch noch auf dem *Arlington Cemetery*. Auf diesem Friedhof liegt unter anderem John F. Kennedy begraben.

Ein paar Tage nach New York fiel mir eigentlich mitten in der Nacht ein, dass ich ja mal das „deutsche Cello" vom Orchester, das Anne damals herausgefunden hatte, anrufen könnte.[81] Jedenfalls habe ich dann auch ohne großartig darüber nachzudenken dort angerufen und schwupp-die-wupp hatte ich Sonntag nach der Kirche ein musikalisches *Playdate*. Das war so cool! ☺ Und heute nimmt mich Betti[82] mit zur Orchesterprobe vom *Old Bridge Chamber Orchestra*! *freu* *jubel* *Luftsprung*

Gestern hatten wir dann mal wieder ein Clustermeeting. Dafür sind wir nach Manassas zum Eislaufen. War eigentlich auch ganz lustig. Immerhin habe ich weder was kaputt gemacht noch mir ernsthaft wehgetan…

---

[81] Bevor ich als musikvernarrte Persönlichkeit ankam, hatte sich Anne informiert, was es alles für Möglichkeiten in Woodbridge und Umgebung gab, mir ein musikalisches Zuhause zu schaffen. Dabei stieß sie auf das OBCO – „Old Bridge Chamber Orchestra", das auf ihre Anfrage für mich die Kontaktdaten ihrer deutschen Cellistin an Anne gab.

[82] Wir haben auch bis heute Kontakt und tauschen uns in unregelmäßigen Abständen aus. Sie wohnen immer noch in Woodbridge, wobei ihre drei Jungs mittlerweile groß sind.

Ich wünsch' euch allen ein superschönes Wochenende in den nächsten Tagen. Viele liebe Grüße aus Amerika,
Stefanie

Willkommen im Halbzeit-Alltag

Allein in Amerika... (24) – 1. Februar

„Der, die, das. Wer, wie, was? Wieso, weshalb, warum? Wer nicht fragt, bleibt dumm... Tausend tolle Sachen, die gibt es überall zu seh'n, manchmal muss man fragen, um sie zu versteh'n." Ja ja, irgendwie sind wir doch alle Kinder... und bleiben das hoffentlich auch immer. Wenigstens ein ganz kleines bisschen! ☺ *daumendrück* Das ging mir gerade irgendwie im Kopf rum. Keine Ahnung wie das dahin kam.[83] *tüdelü*

Ich wollte euch eigentlich nur mitteilen, dass ich mittlerweile sechs Monate hier bin. Genauer gesagt sechs Monate und einen Tag. *thumbs up* Ist schon krass, oder? Ich meine, dass die Zeit doch mehr oder weniger... also zumindest so stellenweise, einfach nur total schnell rumgegangen ist. *grübel*

Ansonsten? Ich weiß, ich habe mich schon ziemlich lange nicht gemeldet. Aber immerhin scheint mein Leben hier mittlerweile einigermaßen Züge anzunehmen. Also musikalisch gesehen, meine ich jetzt. ☺ Jedenfalls spiele ich mittlerweile seit drei oder sogar schon vier Wochen (also heute Abend) in dem hiesigen Kammerorchester! *freu* Ich bin mir zwar mit der anderen Flöte immer noch nicht so ganz

---

[83] Wann genau, weiß ich gar nicht mehr, aber das Lied habe ich meinen beiden in dem Jahr auch beigebracht, also zumindest diese Zeilen. Hihi. Michael kann sie auch immer noch, das haben wir beim letzten Besuch ausgetestet. ;)

grün, aber das wird schon noch! *daumendrück*
Sonst scheinen da alle unheimlich nett zu sein. Der
eine Dirigent (es sind tatsächlich mehrere) ist
übrigens mit DEM Bernstein verwandt (ihr wisst
schon, der Musical-Mensch). Ist das nicht spannend?
Ich muss mir dann am Ende vielleicht noch ein
Autogramm besorgen.[84] *glucks*

Dann ist da natürlich noch Betti, also die
deutsche Cellistin aus dem Orchester. Sie ist
superlieb und die Familie auch. Sie ist mit einem
Amerikaner verheiratet und hat drei Söhne. ☺ Wie

---

[84] Das habe ich natürlich nicht gemacht.

153

sie immer so schön über eigentlich alle netten Leute zu sagen pflegt „*ganz normale Leute*"! *grins* Wir beide spielen bei „meinem" ersten Orchesterkonzert noch ein separates Beethoven Duett, Flöte und Cello. ☺ Ansonsten haben wir auch schon einmal sonntags in der Kirche gespielt und so wie es jetzt aussieht, passiert das sicherlich auch noch öfter! *FREU* Außerdem werden wir in dieser Kirchen-Besetzung – Betti Cello, Bill Violine, Mei Orgel und ich – wahrscheinlich auch noch einiges anderes spielen.[85] *juchhuuu*

Ansonsten haben wir am 15. Januar Elli am Flughafen nochmal, das letzte Mal, gesehen und am Samstag schaffen dann Jessi und ich auch Svantje dorthin. Ja ja, mein Bekanntenkreis vergrößert sich zwar kontinuierlich, wird auf der anderen Seite aber

---

[85] Mit Betti habe ich ganz oft bei ihr Zuhause, wenn meine Beiden in der Schule waren, musiziert. Die Umrahmung der 12:30 Uhr Sonntagsmesse war am Ende auch fester Bestandteil meiner Woche. Mit Betti, Mei und Bill gemeinsam haben wir es als Standardbesetzung sogar in die Pfarrnachrichten geschafft. ☺ Bei ihnen allen habe ich mich – außerhalb meiner Gastfamilie natürlich – immer pudelwohl gefühlt. Musik kennt meiner Meinung nach nämlich auch keine Grenzen oder Sprachbarrieren.

Cantor and Muscians at 12:30 Mass on March 18

Cantor, ████████ is pictured above. Muscians, left to right: ███████, church organist, Stefanie Ramm, flutist (from Germany), violinist ███████ and ███████ on the cello.

auch scheinbar immer kleiner.[86] *grübel* Beide habe sich entschieden das Jahr vorzeitig zu beenden und nach Hause zu fliegen. Mir ist v.a. am Flughafen und auch wenn ich jetzt so darüber nachdenke so richtig bewusst geworden, wie viel Glück ich mit meiner Gastfamilie habe.

Soweit erstmal die Kurzfassung von mir und meinem gegenwärtigen Leben. Ich muss dann noch mit Jessi nach irgendeinem Abschiedsgeschenk für Svantje Ausschau halten.

Also, bis zum nächsten Mal! Lasst mal wieder was von euch hören. ☺

Viele liebe Grüße aus dem Land der (angeblich) unbegrenzten Möglichkeiten,

Stefanie

P.S.: Im Übrigen lerne ich jetzt gemeinsam mit Jessi Spanisch.[87] *Hasta la vista los amigos*!

---

[86] Die beiden haben ihr Jahr vorzeitig abgebrochen. Da das Verhältnis nach einem Abbruch mit den Gastfamilien meist nicht mehr tragbar war, war es üblich, dass sich die verbleibenden Au Pairs um die Übernachtung der letzten Tage und die Fahrt zum Flughafen gekümmert haben. Der Zusammenhalt unter uns war eigentlich immer da. Meistens waren auch die anderen Gastfamilien so lieb und haben die „familien- oder heimatlosen" Au Pairs noch ein paar Tage bei sich aufgenommen.

[87] Als Teil der obligatorischen „Weiterbildungs"-Kurse für Au Pairs.

Mein amerikanischer Winter

Allein in Amerika... (25) – 14. Februar

Halli, hallo, hallöle!

Da werde ich mich doch auch mal wieder melden, wenn ich schon die Chance habe. ☺ Es ist wieder alles nicht unbedingt 100%ig so gelaufen, wie ich mir das eigentlich vorgestellt habe... aber sonst wäre es bestimmt auch ganz schön langweilig.

Erstmal muss ich jetzt loswerden, dass sich meiner Meinung nach nicht nur die amerikanische Regierung, sondern anscheinend auch das Wetter, gegen die lieben, armen, kleinen, bedauernswürdigen Au Pairs verschworen hat... und da haben wir es mal wieder: Keiner mag uns. *schnief* Um euch jetzt größeres Kopfzerbrechen zu ersparen, werde ich euch natürlich auch umgehend mitteilen, was ich eigentlich meine... Sorry, ich wollte mich nur zur Abwechslung mal selber bedauern. ;) Also, hier hat es doch tatsächlich mal geschneit. *staun* Das allein wäre nicht weiter verwunderlich (obwohl, wenn hier im Dezember noch über 20 Grad Celsius sind...). Das klitzekleine Problemchen ist nun, dass hier wegen jedes Schneekrümelchens gleich die ganzen Schulen als *„snow days"*, also *„Schneetage"* geschlossen werden. Das könnt ihr euch wie hitzefrei vorstellen, nur im Winter. Ich muss das nicht verstehen, ich weiß. Aber trotzdem... so ein Käse.

Jedenfalls sitzen wir hier nun schon zwei Tage am Stück Zuhause. Heute wurde sogar schon die

Regierung für zwei Stunden lahm gelegt. Die meisten (so wie meine Gastmama) haben sich dann auch noch den restlichen Tag freigenommen. Ist denen wohl auch nicht zu verübeln, immerhin scheinen die Straßen mittlerweile total vereist zu sein und laut meiner Gastmama wird sich das in den nächsten Tagen auch nicht ändern. *heul* Sowas Blödes... HALLO? Wer denkt denn da bitte mal an mich? Ich bin das doch gar nicht gewöhnt... den ganzen Tag meine Beiden Zuhause haben?! Und dabei konnte man gestern noch nicht mal richtig im Schnee draußen spielen, weil das einfach nur Matsch war. Jedenfalls ist heute meine Gastmama da, so dass ich nicht allzu viel machen muss und raus muss ich auch nicht. Das wär' mir ohnehin viel zu kalt. Aber andererseits habe ich mir letztens Stiefel gekauft, aber auch nur weil die um 50% runter gesetzt waren... ;)

Am Montag hat mein Wecker wie eigentlich immer 6:30 Uhr geklingelt und wie eigentlich immer habe ich ihn auch ganz gekonnt ignoriert. *Stolzguck* Ich bin sogar noch mal kurz eingedämmert und 20 Minuten später ziemlich erschrocken aus meinem Bettchen gefallen oder eher gesprungen. Jedenfalls taumel ich ins Bad und bekomm' schon wieder einen Schreck. Schlimm, schlimm, schlimm. Da hing doch schon wieder ein Zettel am Spiegel... ich mag die überhaupt nicht. Denn immer wenn sowas am Spiegel hängt, bedeutet das: entweder

1) später Schule oder was natürlich noch viel schlimmer ist,

2) gar keine Schule![88] ☹

Ich habe also schon wieder mit dem Schlimmsten gerechnet. *zitter* Aber bei näherer Betrachtung war er doch anders als die vorherigen. Dieses besagte Zettelchen teilte mir nun mit, dass meine Gastmama krank sei. Auch nicht viel besser. Jedenfalls war sie den ganzen Tag Zuhause. Sie sah auch mehr tot als lebendig aus. (Boah, bin ich heute wieder fies, ich weiß. *grins*)

Am Dienstag ging es ihr dann zwar immer noch nicht so wirklich gut, aber sie ist trotzdem auf Arbeit gegangen und Überraschung: Meine Beiden hatten schulfrei, weil es bestimmt ganze fünf Krümel geschneit hatte.

Naja, so wie es im Moment aussieht, ist morgen auch noch frei und dann würde ich aber nicht drauf

---

[88] Das war die Art meiner Gastmama mit mir zu kommunizieren, wenn über Nacht Änderungen eingetreten sind, ohne mich aufzuwecken. ;)

wetten, dass diese Woche überhaupt noch mal jemand in die Schule geht. So ein Käse. Ich mein', wenn die sich mal ein paar ordentliche Autos und evtl. auch noch WINTERREIFEN[89] anschaffen würden, wär' das bestimmt alles nur halb so schlimm. Ich habe es mittlerweile auch schon aufgegeben, irgendwas ändern zu wollen... ;)

Immerhin kamen wir so in den Genuss aus dem Küchenfenster heraus einen Autofahrer zu beobachten, der sich eifrig bemühte, sein sich nicht vom Fleck rühren wollendes Auto wieder zum Fahren zu bringen. Meine Gastmama hat sich wie ein kleines Kind gefreut. Aber anstatt ihm mal den Tipp zu geben, dass er vielleicht langsam anfahren und nicht wie ein Idiot auf's Gas treten soll, sprang sie einfach nur durch die Küche.[90] Wie alt sind wir nochmal? Vielleicht war sie doch noch nicht auf dem Wege der Besserung? Ich bin jedenfalls der Überzeugung, dass es ihr immer noch nicht wirklich besser geht. *seufz*

Ja, was gibt es noch Neues? Also, wir hatten am Samstag ein „*Movie Picknick*"-Konzert mit dem Orchester. Das war super und vor allem für hiesige Verhältnisse meiner Meinung nach auch echt

---

[89] Hierzu muss man wissen, dass amerikanische Autos – zumindest in den Regionen, die ich mittlerweile ganz gut kenne – keine Sommer- und Winterreifen-Wechsel kennen. Die Autos haben also das ganze Jahr über nur einen Reifen, der dann natürlich nicht unbedingt für einen Schneeeinbruch gemacht ist. Kein Wunder also, dass es direkt schneefrei gibt, wenn ein paar Krümel fallen.

[90] Dazu muss man wissen, dass sie mit Eis und Schnee in Wisconsin aufgewachsen ist und sich da doch scheinbar ganz gut auskennt. ;)

anhörlich. ☺ Jedenfalls waren die Dekorationen total cool! Die wurden entsprechend der Stück-Titel gestaltet. Sprich: Die dazugehörigen Filme, also in denen die Stücke stammen bzw. bekannt sind, wurden dekoriert. Das war irgendwie total schön. Bei vielen hat sich Betti mit ihrer unheimlich kreativen Ader ausgetobt. ☺

Übrigens habe ich mittlerweile auch schon vom Großteil des Orchesters gehört, dass die andere Flöte irgendwie komisch ist und dass sie mich nicht um meine nun endgültig rechts von mir[91] *thumbs up* sitzende Registerkompanin beneiden. Das ist sehr beruhigend!

Apropos Musik, meine Eltern haben doch der Uni einen Besuch abgestattet. UND dabei haben sie in Erfahrung gebracht, dass meine letztes Jahr gespielte Aufnahmeprüfung an der Musikhochschule doch tatsächlich zwei (!!!) Jahre gültig ist! *thumbs up* *rumspring* *jubel* *hüpf* ☺ D.h. jetzt zwar noch nichts für mein Studium, aber ich muss zumindest nicht im Juni nach Deutschland fliegen um die Aufnahmeprüfung (völlig unvorbereitet) nochmal zu spielen. Ich kann mich also ganz normal an der Uni bewerben. *freu* Ist das nicht toll? Auch wenn die guten Leute so ewig dazu gebraucht haben. Gut, dass meine Eltern hier so hartnäckig drangeblieben sind. DANKE! ☺

Ansonsten haben wir seit dem letzten Mal auch noch Svantje zum Flughafen gebracht. Sie ist

---

[91] Für alle nicht Orchester-Register-affinen Leser: Wir hatten uns damals endgültig auf die Stimmverteilung – ich 1. Flöte, sie 2. Flöte – geeinigt.

mittlerweile auch wieder wohlbehalten in Deutschland angekommen und wie es so schön heißt: „*... und da waren's nur noch zwei...*" Ja, wir haben es schon nicht einfach. Wenn ich mir das jetzt so aber immer betrachte, also ich meine die Leute, die mit vollgestopften Koffern Richtung Heimat verschwinden... Fragt mich mal wie ich meinen ganzen Krempel wieder mit nach Hause bekommen soll? ☹ Immerhin darf Au Pair ja nur zwei mal 23 kg an Gepäck (geplant) mitnehmen[92]...

Ach ja, bevor ich es vergesse: *Happy Valentine's Day*! Ich weiß zwar nicht, warum die hier so einen Aufriss darum machen, aber sie machen es. Da werden schon die armen Schulkinder gezwungen ALLEN ihren Mitschülern dämliche[93] Karten (die natürlich alle für viel zu viel Geld GEKAUFT werden) zu schenken. Fragt mich mal warum. *grummel*

Ansonsten fällt mir jetzt gerade nicht mehr ein. Ich weiß, dass ich in letzter Zeit ziemlich schreibfaul geworden bin. Das muss am Wetter liegen? Bestimmt so eine Winter-Depri-Phase. ;) Jedenfalls hoffe ich, dass das Wetter ganz schnell besser wird... immerhin muss ich ja noch ein Geschenk für Jessis Geburtstag finden. *grübel* Aber sie weiß auch nicht, was sie haben möchte. *verzweifelt-guck*

---

[92] Ich bin mir ziemlich sicher, dass das heute anders ist.

[93] Man beachte meinen Frust über diesen konsumgesteuerten Gruppenzwang. Die Karten, die ich zu sehen bekommen habe, waren wirklich nicht die schönsten oder kreativsten. Aber es wird eine Menge Umsatz damit gemacht.

Ich wünsch' euch jedenfalls einen baldigen Frühling und schöneres Wetter! Macht es gut und bis bald!

Viele liebe Grüße immer noch vom anderen Ende der Welt!
Stefanie

Frühlings-Rückblick

Allein in Amerika... (26) – 14. März

So, ihr Lieben, ich werde jetzt mal hemmungslos meine, durch das schöne Wetter bedingte, gute Laune ausnutzen und mein schlechtes Gewissen ein bisschen beruhigen. ☺

Ja ja, ich weiß, ich habe schon GANZ lange nicht mehr geschrieben, aber ehrlich gesagt, hatte ich einfach keine Lust... in den letzten paar Wochen hatten wir mindestens einen Tag in der Woche frei und das ungeplant. Immerhin drehen die lieben Amis ja schon total am Rad, sobald auch nur ein vereinzeltes Schneeflöckchen seinen Weg Richtung Erde findet. Wir hatten hier also gefühlt andauernd schneefrei und das eigentlich immer unbegründet (natürlich nur meiner Meinung nach ☺). Aber wenn man keine Winterreifen hat, damit man die Straßen nicht unnötig abnutzt, macht man lieber die Schulen zu. Soweit die dahinter stehende Logik.

Vom 18. bis 19. Februar war ich mit Annie in Philadelphia. Ihr wisst schon, der Käse. ☺ Natürlich hat es dort auch wieder geschneit. Unsere „Jugendherberge" war... nun ja, eigentlich kann man das bestimmt einfach als „übelste Absteige" bezeichnen. Jedenfalls befand sich diese in einer ziemlich verlotterten Seitengasse und wir waren beide froh, dass wir da nicht alleine hin mussten. Ansonsten ist Philadelphia eine ziemlich schöne Stadt, also für amerikanische Verhältnisse. *grins* Wir sind alle Wege gelaufen, was ja hier auch nicht selbstverständlich ist. Die Hauptattraktion in Philadelphia ist sicherlich die „*freedom bell*" (also die „Freiheitsglocke"), die auch auf ziemlich vielen „amerikanischen" Standard-Postkarten zu sehen ist. Naja, ich glaube, ihr solltet euch am besten einfach die Bilder ansehen.

Dann hatte Jessi am 21. Februar ihren 21. Geburtstag. Ja und da haben Verena und ich ihr einen Überraschungsbesuch abgestattet. Quasi gleich in Anschluss an mein Abenteuer in der Küche. Ich hatte mir in den Kopf gesetzt, dass Jessi doch einen Geburtstagskuchen haben muss. Bin ich nicht lieb? Ja, doch, ich glaub' man könnte das so bezeichnen. ☺ Jedenfalls hatte ich davon natürlich mal wieder keine

Ahnung. Macht aber nichts, denn wenn ich mir mal was in den Kopf gesetzt habe, dann zieh' ich das auch durch. Ich habe also Aschermittwoch einen durch und durch schokoladigen Schokoladenkuchen mit Schokoglasur überzogen und mit Gummibärchen[94] und anderem Zeugs verziert zustande gebracht.

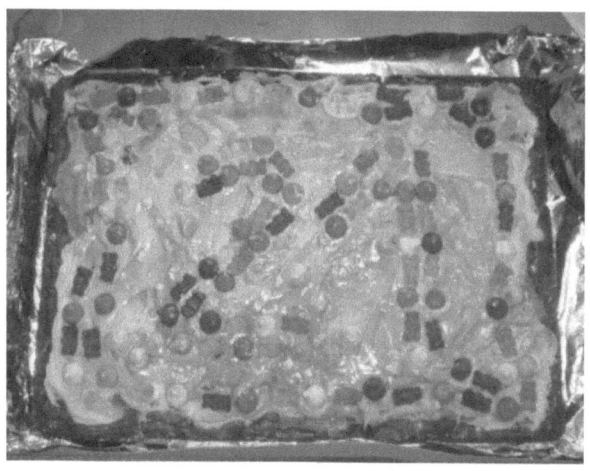

Wenn man mal davon absieht, dass ich eine ganze Anzahl von verschiedenen Leuten auf mehreren Kontinenten damit beschäftigt habe... also, dann kann man sogar sagen, dass ich das so ziemlich ganz alleine gemacht habe. *Stolz-guck* Im Endeffekt haben wir den sogar gegessen und ich

---

[94] Die waren übrigens noch in den Vorräten, die ich für besondere Gelegenheiten mit in die USA genommen habe. Dass die mal auf einem Geburtstagskuchen landen, hätten sie sich bestimmt auch nicht erträumt.

denke, dass das schon ziemlich viel über meine Backkünste aussagt. Jedenfalls hat sich Jessi gefreut und das war dann wohl die ganze Mühe wert.[95] ☺

Abends am Aschermittwoch war ich dann auch noch in der Kirche. Da ich später auf Bettis Jungs aufgepasst habe, saßen wir zusammen und haben gegenseitig die eigentlich über die gesamte Stirn verteilten Aschekreuze bestaunt. Dass die Amis immer alles so schrecklich übertreiben müssen, also wirklich. Dann hatte ich noch einen ziemlich niedlichen Abend. Wie schon geschrieben sind Bettis Jungs zweisprachig aufgewachsen. Also Deutsch zu verstehen ist für sie alle überhaupt kein Problem, aber sie reden eigentlich nie Deutsch. Untereinander reden sie Englisch und da Betti das außerhalb des Hauses eigentlich auch immer macht und sie das genau wissen, besteht für die drei absolut keine Notwendigkeit das im Alltag anders zu handhaben. Aber scheinbar assoziieren sie jetzt mit mir Deutschsprechen. Als ein schüchternes „*Kann ich bitte ein Glas Milch haben?*" kam, wusste ich vor Staunen gleich gar nicht wie ich reagieren sollte. Ich habe mich natürlich gefreut, dann aber ganz normal weitergemacht. ☺ Das ist so niedlich, wenn sie dann auf einmal anfangen Deutsch zu reden! Als ich das dann später den Eltern erzählt habe, hast du einfach nur den Stolz – ganz besonders beim Papa – in den Augen aufblitzen sehen. ;)

---

[95] Ich backe im Übrigen bis heute nicht wirklich viel oder gern. Aber besondere Momente erfordern besondere Handlungen. ☺

Am 24. Februar waren Verena und ich dann endlich mal in diesem „*historic occoquan*" Stadtteil. Hierbei handelt es sich um eine kleinere „historische" Gegend (natürlich aus amerikanischer Sicht), mit für die Region typischen Geschäfte in unserer Nähe. Ich persönlich hatte mir darunter zwar etwas anderes vorgestellt, aber immerhin kann ich jetzt sagen, dass ich mal dort war. ☺ Abends waren wir dann noch bei Verena und haben einen Film angesehen. Es ist echt erstaunlich, was sie alles für Filme kennt. Da sieht sogar Jessi alt aus und ich dachte schon immer, dass Jessi sich da voll auskennt.[96]

Am Montag war dann schon wieder schneefrei. Ja, ihr könnt mich ruhig mal bedauern. Es braucht euch also nicht zu wundern, dass ich so lange nicht geschrieben habe. Jedenfalls war ich dann zusammen mit Michelle und Michael bei Verena und ihren beiden Kindern. Das war für uns ziemlich entspannt. Unsere Kinder haben ganz brav miteinander gespielt und sich gegenseitig beschäftigt. ;) Das hatten wir bei Jessi und ihren Mädels auch schon gemacht. Irgendwie muss man ja kreativ werden.

---

[96] Man muss dazu wissen, dass ich weder in dem Jahr noch heute besonders viele Filme kenne oder sehe... Mich konnte man damit also relativ leicht beeindrucken. ;)

Am Mittwoch, also dem 28. Februar, waren
Annie und ich beim Friseur. Wir sind da einfach so
früh angetanzt und haben gesagt, dass wir bitte
unsere Haare geschnitten haben möchten und waren
dann auch sofort dran. Allerdings ist es wirklich sehr
lustig zu beobachten, dass es hier sogar andere
Schneidetechniken gibt.[97] Man lernt nie aus.

Am Freitag, den 2. März, hat dann Anna bei mir
oder besser uns übernachtet. Wir haben unseren
Florida-Urlaub gebucht. Wir werden vom 17. bis zum
24. Mai mal zur Abwechslung diesen Teil der USA
unsicher machen. *grins*

Am Montag habe ich dann Jessi und Nadine, das
ist ihre Freundin, die aus Deutschland für

---

[97] Ich kann mich heute beim besten Willen nicht mehr daran
erinnern, was genau sie da anders gemacht haben, aber
in dem Moment hat es mich offensichtlich sehr beein-
druckt.

2,5 Wochen zu Besuch war, nach Springfield zur Metrostation gefahren. Die zwei machen einfach so Urlaub und dann auch noch im warmen Miami. ☺ Und ich habe von beiden gestern eine Postkarte bekommen. Juchhuuu!

Dienstag saß ich dann ganz alleine, naja nicht ganz, aber halt ohne Jessi, in unserem Spanisch-Kurs. Es ist schon erstaunlich, wie viel unnützes Zeug die gute Frau erzählt. Wenn sie einfach mal auf den Punkt kommen würde, dann könnte man die ganze Veranstaltung auch auf 90 Minuten zusammen kürzen.

Donnerstag war dann endlich mal wieder Orchester. Habe ich schon erzählt, dass die andere Flöte, die bei dem letzten Konzert mitgespielt hat, nicht mehr mitspielt? Jedenfalls scheinen da doch einige was gesagt zu haben und naja jetzt... ist sie nicht mehr da. Allerdings fehlen jetzt auch noch Noten, die sie anscheinend noch hat. Die jetzt mitspielende zweite Flöte scheint aber richtig nett zu sein. Sie lacht gefühlt die ganze Zeit. Allerdings habe ich den Namen schon wieder vergessen. *tüdelü* Anschließend bin ich noch mal nach Springfield zur Metrostation gefahren um Jessi und Nicole wieder abzuholen. Allerdings musste ich dort bestimmt noch eine halbe Stunde warten, da ewig keine Metro kam.

Am Freitag haben dann Verena und ich unseren Kalifornien-Trip gebucht und zwar vom 5. bis 12. Mai. Jetzt habe ich kein Geld mehr. Jedenfalls ist das eine Städterundreise extra für Au Pairs an der Westküste. Los Angeles, San Francisco und dann noch Las Vegas... und ja, ich weiß, dass das nicht mehr Kalifornien ist.

Freitagabend hatten wir wieder eine Probe in der Kirche. Ich war aber soooooooo froh, als die dann endlich vorbei war und ich in mein Bettchen konnte. Am nächsten Tag war ich krank. Ich wusste gar nicht, dass man wirklich einen ganzen Tag im Bett verbringen kann. Am Sonntag haben wir dann in der Messe gespielt. Ich war allerdings immer noch nicht wieder richtig auf dem Posten, so dass ich wiederum total froh war, endlich wieder hier zu sein. Bett. Schlafen.

Montag war ich dann bei Jessi und ja wir haben eigentlich überhaupt nichts gemacht. ☺ Immerhin war ich immer noch angeschlagen und sie total müde. Wir haben bereits am Sonntag die Uhren eine Stunde vorgestellt – um ENERGIE ZU SPAREN – laut Regierung. Vielleicht sollte denen mal irgendjemand verklickern, dass das hier aber eigentlich überhaupt keinen interessiert, das mit dem Energiesparen.

Gestern war ich dann bei Verena um auch noch die Flüge für unser Westküstenabenteuer zu buchen. Und abends hatten wir dann das allerletzte Mal unseren Spanisch-Kurs. Allerdings wollten wir eigentlich so gar nicht hin. Es war soooooo schönes Wetter. Wir saßen dann erstmal noch eine Viertelstunde vor dem Gebäude und haben einfach das Wetter genossen. Mmmmh... jetzt wird es hoffentlich endlich Frühling! ☺

Ach, da fällt mir noch ein: Ich habe jetzt endlich auch einen amerikanischen Führerschein! ☺ Was für eine lange Geschichte. Ich weiß gar nicht mehr, wie oft ich dahin musste... Erst hatte ich kein richtiges Konto – das Unterkonto bei meiner Gastmama reicht nicht aus um nachzuweisen, dass ich hier lebe ☹ –, dann hatten sie zu, dann… Aber jetzt habe ich einen amerikanischen Führerschein. Der gilt gleichzeitig als Ausweisdokument, d.h. ich muss meinen Pass nicht mehr mit mir rumtragen. *Yeah*! ☺ Allerdings wollten sie mir doch tatsächlich meinen deutschen Führerschein abnehmen. Nachdem ich dem netten Menschen lang und breit erklärt habe, dass mein deutscher Führerschein auch noch lange nach dem Ende meines *Visumsas* seine Gültigkeit behält – die Führerscheine hier laufen in regelmäßigen Abständen, wie unsere Personalausweise oder Reisepässe ab –, hat er mir dann doch meinen deutschen gelassen UND den amerikanischen ausgehändigt. Ausnahmsweise. *Stolz-guck*

Allein in Amerika

So, so viel erstmal zu mir, meinem Leben und natürlich auch zu meinen „ABENTEUERN". ;)

Ich wünsche euch allen einen superschönen Tag und natürlich auch so schönes und LANG ANHALTENDES Frühlingswetter!

Viele liebe Grüße vom anderen Ende der Welt,
Stefanie

Meine kleine Welt

Allein in Amerika... (27) – 30. März

Einen wunderschönen guten Morgen!

Ich hoffe, ihr hattet bereits einen schönen Tag und eine erfolgreiche Woche! Bei mir hat er zwar gerade erst begonnen, aber die Zeitunterschiede haben wir ja nun schon zur Genüge diskutiert. ;)
Mittlerweile leben wir auch wieder genau sechs Stunden auseinander und nicht fünf oder irgendetwas anderes Unlogisches dazwischen. Unsere Sommerzeitumstellung war doch schon am 10. März und so waren wir für einige Wochen „nur" fünf Stunden hinter euch. Das war aber, wenn man sich das mal näher betrachtet, noch viel verwirrender als sonst. Wenn die Regierung der Meinung ist, so Energie zu sparen… ähm dann wird das wohl auch stimmen. *glucks* Weil hier sowieso immer alle darauf bedacht sind, Energie und auch sämtliche anderen Rohstoffe so wenig wie möglich zu verbrauchen… *Ironie-aus*
Wo fang' ich denn mal am besten an... mh... also am 14. März hatten wir abends ein Clustermeeting zum „*St. Patrick's Day*" in Haymarket. Ja, das ist ungefähr immer noch auf der anderen Seite unseres Clusters... Wir sind dieses Mal nicht ganz eine Stunde gefahren. Das ist doch schon mal positiv! *thumbs up* Immerhin mussten deswegen die anderen nicht so weit fahren... halt nur wir aus Woodbridge. *grummel* Aber Jessi und ich hatten trotzdem unseren Spaß. Wir haben festgestellt, dass

Jessi ein ungeahntes Talent hat. Sie kann Fastfood schon Kilometer weit riechen. *glucks* Das Treffen an sich war mal wieder... ähm sehr lohnenswert. *lalala* Unter anderem hatte Dagmar (unsere Betreuerin) jemanden eingeladen, der uns etwas über das spezielle Angebot für Au Pair Reisen erzählt hat. Erst hat er uns also etwas über Campingtouren gefühlt quer über den Erdball erzählt, die wir bestimmt alle machen werden und dann wurden noch die einzelnen Länder, aus denen die Au Pairs in unserem Cluster stammen, vorgestellt. Ist ja eigentlich total interessant, aber wenn du dann noch eine Stunde zurückfahren musst... also naja *whatever* das jedenfalls war unser Clustermeeting. Und natürlich gab es wieder Frosting Kuchen.

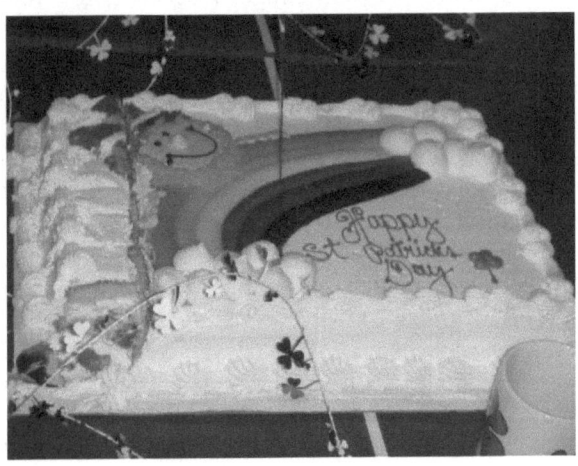

Am 17. März war ich dann gemeinsam mit Verena auf einer Art amerikanischem Flohmarkt. Er nennt sich „*Virginia Bazaar*" und war ziemlich

lustig. Wir sind gemütlich drüber geschlendert, haben Hüte auf- und alle möglichen Sachen ausprobiert und haben natürlich auch ein paar Bilder gemacht.

Am 22. März haben Betti, Bill, Mei und ich gemeinsam in einem Altenheim hier in Woodbridge gespielt. Für uns war es zwar eigentlich nichts weiter besonderes, aber die alten Leute haben sich riesig darüber gefreut und uns gefragt, ob wir demnächst mal wieder vorbeikommen. *freu* ☺

Am Freitag habe ich bei Jessi übernachtet, weil wir der Meinung waren, wir wären in der Lage Shrek I & II in einer Art „*Shrek-Marathon*" am Stück zu sehen. So ganz hat das nicht funktioniert. *gähn* Wir sind irgendwann im zweiten Teil eingedöst... *grins* Aber das Ende haben wir dann doch wieder mitbekommen. Wir müssen ja jetzt nicht erwähnen, dass wir die beiden Teile schon auswendig kennen. *blobb*

Am Samstag sind wir dann gemeinsam mit Verena nach Tysons Corner, einem großen „Einkaufszentrum", gefahren. Wie Jessi das jetzt so schön sagen würde „*wir sind da also stundenlang durch die Mall geschlappt*" und hatten unseren Spaß. Jedenfalls sind da natürlich auch einige lustige Fotos entstanden.

Am Sonntag haben wir erstmal den Chor in der Kirche begleitet. Also normalerweise spielen wir ja in der 12:30 Uhr Messe, aber weil der Chor „*Out of the Deep*" gesungen hat, brauchten sie ein Cello und naja eigentlich eine Oboe, aber sie haben sich dann mit mir begnügt. ;)

Wir haben also diese Woche in der 10:45 Uhr Messe gespielt und so konnte ich mich hinterher noch mit Nina in Washington DC treffen. Nina kommt aus der Nähe von Dresden und ist mit mir gemeinsam vor fast acht Monaten nach Amerika geflogen. Wir saßen im Flug von Düsseldorf nach New York nebeneinander. Und nun haben wir es doch tatsächlich „schon" geschafft uns endlich mal zu treffen. Ihr könnt euch bestimmt nicht vorstellen, wie komisch es ist, nach so einer relativ langen Zeit mal wieder „*Saechssch*" in natura, also nicht nur übers Telefon oder so zu hören. Jedenfalls war es sehr lustig und wir werden das mal wieder in Angriff nehmen! *lach*

Da bei unserem DC-Abenteuer leider meine Tasche mehr oder weniger den Geist aufgegeben hat, habe ich am Montag schweren Herzens mein Geld in eine neue investiert. ☹ Jedenfalls habe ich nun eine grüne und große Tasche! Da passt sogar mit ein bisschen gutem Willen meine Flöte rein. *freu*

Und jetzt kommt's: Am Dienstag hatte ich KLAVIERUNTERRICHT! Nach über einem halben Jahr. Ich freu' mich immer noch! *jubel* *schrei* *spring* *freu* Wie ich dazu kam? Ich habe Mei, also die Organistin, gefragt, ob sie zufällig noch ein bisschen Zeit für einen weiteren Schüler hätte und dann hatte ich auch schon meine erste Stunde. Sie unterrichtet unter der Woche Zuhause ihre Klavierschüler und am Wochenende spielt sie als

177

Organistin verschiedene Gottesdienste. Meine Finger sind zwar gefühlt nicht mehr in der Lage irgendetwas vernünftig zu spielen, aber das wird schon wieder! Am Ende der Stunde wurde mir dann zu allem Überfluss noch mitgeteilt, dass ich ein *SCHOLARSHIP* bekomme, also sie mir das praktisch „stipendiert" (klingt das nicht lustig?)!!! Ich freue mich immer noch riesig! *freu* Mei und Bill meinten, dass das ihr Dank an mich ist, für meine musikalische Unterstützung der Sonntagsmessen. Und dabei freu' ich mich doch eigentlich selbst am meisten endlich wieder Musik machen zu können – mit den beiden und Betti.

So, meine Lieben: Soweit erstmal zu meinem Leben. Ich hoffe, euch allen geht es gut! Ich wünsch' euch ein wunderschönes Wochenende und freu' mich natürlich über jede Regung aus *good old Germany*!

Viele liebe Grüße aus Amerika,
Stefanie

Ist wirklich schon wieder Ostern?!

Allein in Amerika... (28) – 9. April

Liebe Familie, liebe Freunde und liebe Bekannte!

Ich wollte euch allen noch ein frohes, besinnliches und natürlich gesegnetes Osterfest wünschen! Ich hoffe, ihr hattet alle einen fleißigen Osterhasen?! ☺
Meine letzten paar Tage haben sich – wahrscheinlich zum Stolz meiner Oma ;) – zumeist in der Kirche abgespielt. Erstaunlicherweise war ich am Gründonnerstag, Karfreitag, Karsamstag (zur Osternacht) und dann heute, also am eigentlichen Ostersonntag in der Kirche – ist schon krass. Aber auch wieder total schön und vor allem interessant, wenn man bedenkt, dass hier doch alles irgendwie anders ist.
Aber der Reihe nach: Am 29. März, das war ein Donnerstag, haben wir, also Jessi und ich, uns bei Verena getroffen. Ja und was macht man als Au Pair in Amerika? Genau reden, lachen, erzählen, Quatsch machen, einen Film ansehen, natürlich Pizza essen und als Zugabe noch einen super leckeren Salat. Habe ich eigentlich schon mal erwähnt, dass ich jetzt immer, wenn ich das Wort „*Salat*" sage, in einem inneren Konflikt stecke? Ich habe festgestellt, dass ich die einzige in meinem Umfeld bin, die [„Saladd"] (also kurz gesprochen bzw. die erste Silbe betont) sagt und alle anderen sagen [Sal<u>aat</u>] (also die letzte

Silbe betont). Ganz schrecklich und jetzt mache ich das mitunter auch schon.[98] *lach*

Freitagabend durfte ich ganz außer der Gewohnheit auf „meine" Kinder aufpassen. Meine Gastmama war der Ansicht, dass sie Freitagabend noch einkaufen gehen müsste. Jedenfalls hatte sie am Sonnabend keine Zeit, weil in ihrer Kirche bereits das große Ostereiersuchen stattfand. Ja, ich weiß, dass es da noch über eine Woche bis Ostern war... aber das interessiert hier wirklich keinen. Immerhin feiert man in Amerika die Feste immer schon mindestens einen Monat vorher, aber wenn dann wirklich der Tag da ist, wird GANZ schnell wieder alles weggepackt. Das ist das gleiche Spiel bei Weihnachten, Geburtstag und natürlich auch bei Ostern. ;)

Am Samstag habe ich Anna in Centerville besucht. Ihre Kleine feierte ihren 3. Geburtstag – natürlich wurde ganz stilecht vorgefeiert. Ist es nicht schrecklich, wenn Kinder glauben, sie wären schon drei Jahre, es aber im Prinzip noch gar nicht sind? Naja, Amerika muss man nicht verstehen. Ganz

---

[98] Über das Jahr habe ich verschiedene solche Beobachtungen gemacht. Das lag v.a. daran, dass die anderen deutschen Au Pairs aus so ganz anderen Ecken kamen. Abgesehen von Nina war ich die einzige aus den neuen Bundesländern. So war es nicht weiter verwunderlich, dass mir neben den amerikanischen, gerade kulturelle deutsche Ost-West-Unterschiede sehr häufig aufgefallen sind. Selbst so lange Zeit nach dem Mauerfall waren und sind sie noch heute – auch in einer Generation, die sie unmittelbar gar nicht mehr erlebt hat – doch noch sehr zu spüren. Wie dem auch sei, gerade sprachliche Unterschiede fallen mir auch heute immer noch auf und ich finde das nach wie vor ganz faszinierend. ☺

einfach. ;) Wir wollten eigentlich unseren Florida-Urlaub endlich mit allem drum und dran unter Dach und Fach bringen, aber natürlich sind wir immer noch nicht 100%ig gerüstet. Aber das wird noch! ☺ Ich hatte endlich auch mal den kleinen Michael, das jüngste von Annas drei Gastkindern (er ist mittlerweile auch schon vier Monate alt) auf dem Arm. Natürlich gab es auch, wie es sich für eine richtige amerikanische Geburtstagsfeier gehört, Pizza und Frosting-Kuchen. Dann waren wir noch im Target und in einigen anderen Ami-Läden. ☺

Anschließend bin ich dann noch nach Alexandria zu Annie gefahren. Ihr Bruder war zu Besuch und ihre Gastfamilie war so nett und hat ein paar Au Pairs eingeladen – natürlich deutschsprachig, versteht sich. Nachdem wir Lasagne und Salat und dann natürlich auch noch leckeren, selbst gebackenen (also für amerikanische Verhältnisse, d.h. selber belegten) Kuchen gegessen hatten, haben sich die lieben Au Pairs in den Keller verzogen und sich eine DVD angesehen. Dabei haben wir mit typischen regionalen Wörtern um uns geworfen und uns gegenseitig Konkurrenz gemacht. Vom Film haben wir nicht allzu viel mitbekommen, da wir immer noch fleißig Schwäbisch und Sächsisch geübt haben. ☺

Am Sonntag war erstmal Palmsonntagsgottesdienst. Natürlich haben wir gespielt. Nach der Kirche waren Jessi, Verena und ich wiedermal in der Woodbridger Mall[99] unterwegs.

---

[99] Grundsätzlich kann man in Amerika die ganze Woche über, also auch am Sonntag, überall einkaufen. Es gibt vereinzelte Läden, die tatsächlich sonntags geschlossen haben, aber das ist die Ausnahme.

Warum schleppen die einen eigentlich immer in irgendwelche Läden rein? Ich mag doch kein Geld ausgeben. *schnief* Ich mache es aber aus dem Gruppenzwang heraus doch immer wieder. ☺

Am Montag begannen dann die Osterferien. Wir haben versucht das Beste draus zu machen und sind gleich mal zu *Chuck'E'Cheese's*. Mmmmh... wie erklärt man Europäern was das ist? Es handelt sich wohl am ehesten um so eine Art drinnen, also *Indoor*-Spielplatz. Man tauscht am Eingang Geld gegen Spielgeld-Münzen ein. Mit diesen Münzen kann man dort Spiele spielen und gewinnt dann nach jedem Spiel Tickets. Je nachdem wie gut man sich in dem Spiel geschlagen hat, viele oder wenige. Diese wiederum kann man am Ende für „Preise" einlösen. Jessi und ich haben uns zusammengeschlossen. Alle vier Kinder waren vertan und wir hatten auch unseren Spaß. Wir sind halt auch noch Kinder... Anschließend sind wir noch auf einen Spielplatz gefahren. Allerdings war es den Kinderchen irgendwie zu warm draußen. Das war Ferien-Tag 1.

Am Dienstag waren es dann so ungefähr 30 Grad Celsius. Ich war sogar in kurzen Hosen draußen und das soll was heißen. Ich war früh mit meinen beiden im Schlepptau in der örtlichen Bibliothek und dann haben wir draußen mehr oder weniger gepicknickt. Anschließend waren wir noch auf dem Spielplatz. Da es aber leider so warm war, haben wir eigentlich nur im Schatten gesessen und einige Jugendliche beobachtet, die Football gespielt haben. Denen haben wir lustige Namen gegeben und dann sind wir auch schon wieder zurück. Das war Ferien-Tag 2.

Am Mittwoch waren wir im Kino. Ich bin mittlerweile sogar schon in der Lage die Karten am Automaten zu kaufen. ;) Obwohl wir relativ spät dran waren, haben wir auf Grund meiner mittlerweile errungenen technischen Kenntnisse noch einigermaßen gute Plätze gehabt. Allerdings gibt es anscheinend immer und überall komische Leute. Eine Frau, an der wir vorbei mussten um auf unsere Plätze zu kommen, zeterte, dass wir uns nicht mal entschuldigen könnten. Nicht, dass ich „sorry" gesagt hätte, als wir da vorbei sind... nein... Trottelin! Abends hatte ich dann noch Klavierunterricht. *freu* Hat auch alles erstaunlich gut geklappt. Anschließend haben wir noch kurz für die Sonntagsmesse geübt und dann war auch schon Ferien-Tag 3 vorbei.

Am Donnerstag haben wir uns Richtung Wasser aufgemacht. Wir sind ins Hallenbad gegangen und nein ich war nicht mit im Wasser. Nach einer knappen Stunde bekam ich dann auch Gesellschaft von Jessi, die sich, solange ich noch da war, auch weigern konnte ins Wasser zu gehen. Da Michael aber noch zum Chiropraktiker musste, konnte ich leider nicht bis zum bitteren Ende zu ihrem Glück beitragen. Abends bin ich erst mal zu Betti gefahren und dann sind wir zusammen in die Kirche. Eigentlich waren wir ja der Ansicht, dass es übelst ;) voll werden würde, aber anscheinend waren alle anderen über Ostern im Urlaub. So habe ich meine erste amerikanische „Holy Thursday" Messe miterlebt... Ferien-Tag 4.

Am Freitag hatte Anne frei und somit hatte ich frei. Ich habe eigentlich nichts weiter Tolles gemacht, außer vielleicht geschlafen, ausgeruht, ähm... natürlich habe ich auch geübt und Wäsche... hach ja.

Ach ja und dann bin ich noch mal nach einem Bilderrahmen in der Weltgeschichte umhergeirrt... Bei *Chuck'E'Cheese's* konnte man auch Bilder machen lassen. Das haben wir natürlich gemacht. Dann habe ich für eins einen Rahmen gekauft und das meiner Gastmama zu Ostern im Schrank versteckt. Abends war wieder das gleiche Spiel wie schon am Donnerstag. Erst zu Betti und dann gemeinsam in die Kirche. „*Good Friday*" Messe.

Am Sonnabend stand dann mal wieder ein kleines DC-Abenteuer auf dem Programm. Wir, also Jessi und ich, wollten uns eigentlich was anderes ansehen, sind dann aber wegen zu langer Schlangen in der *Art Gallery* gelandet. Es war echt interessant. Nach etwa zwei Stunden haben wir uns dann noch auf die Suche nach einem deutschen Restaurant, dem

„*Café Berlin*", gemacht.[100] Wir haben uns auch nur ein ganz kleines bisschen auf dem Weg zu unserem Ziel verlaufen. Letztendlich habe ich ein richtig leckeres Schnitzel, Bratkartoffeln anstatt Pommes und dann noch mit Rotwein getränktes Rotkraut bekommen. Das Schnitzel war wirklich gut! Und dann? Mmmh... waren wir noch kurz in einem Target und sind auch schon in die Kirche gefahren. Die Osternacht begann 21:30 Uhr und endete kurz nach 23 Uhr. Es war richtig schön und auch irgendwie ganz anders. Wusstet ihr, dass Priester einmal im Jahr und zwar zu Ostern „Bischof" sein dürfen? Es wurden nicht nur Unmengen an Leuten getauft, sondern auch gleich gefirmt (unter anderem wurde Bill, also unser Violinist, katholisch) und das ganz ohne Bischof. Au Pair lernt nie aus. Wir hatten eine richtig lange Prozession, aber nur ein ganz kleines Grill-Osterfeuer. Unter anderem waren daran auch sechs „*Knights of Columbus*" (also sozusagen „*Ritter des Kolumbus*") beteiligt. Das scheint eine ähnliche Organisation wie die Schweizer Garde zu sein, aber so richtig dahinter gestiegen bin ich noch nicht. Ich habe auch von Betti ein ganz süßes Osterkörbchen

---

[100] Nach einigen Monaten in den USA haben wir uns riesig auf richtig deutsches Essen gefreut. Soweit ich mich erinnern kann, hatten wir auch gehofft, dass die Bedienung, die Karte, einfach alles „*wie in Deutschland*" sein würde. Leider sprach der Kellner so gut wie kein Wort Deutsch. Ich meine, er kam aus Russland? War schon eigenartig, dass sie da irgendjemanden hinstellten, der zumindest kein Muttersprachler war. Ich könnte mir vorstellen, dass es vielen Besuchern (also US-Bürgern ;)) gar nicht weiter aufgefallen ist, wie wenig deutsch das ganze Erlebnis war. Aber das Schnitzel war gut. ☺

mit einem total niedlichen Osterhäschen bekommen. Aber mein Osterpaket von Zuhause ist immer noch nicht angekommen. *schnief*

Heute war ich schon wieder in der Kirche, zum Ostersonntagsgottesdienst. Wir haben gespielt. Ich war und bin zwar immer noch der Überzeugung, dass es absolut schaurig klang, aber es waren mindestens vier Leute, die nach der Messe vorbeigekommen sind und gesagt haben, dass es total schön war. Hauptsache ihnen hat's gefallen. ☺ Anschließend war ich noch kurz bei Betti und dann haben wir hier Zuhause unseren *Easterham* gegessen.

Ich hoffe, ihr hattet ein superschönes Osterfest. Vielen lieben Dank für die Karten, E-Mails und natürlich auch einfach nur fürs An-Mich-Denken! Ich freue mich immer über alles. ☺

Viele liebe Grüße vom anderen Ende der Welt und noch einmal ein gesegnetes Osterfest,
Stefanie

Auf, auf und davon! – Ein Ausblick

Allein in Amerika... (29) – 5. Mai

Tatsache: Wir haben schon wieder Mai. Und was sagt uns das? Genau, ich bin schon über neun Monate hier und gefühlt nur noch unterwegs. Irgendwie fällt mir so drei Monate vor Schluss ein, was ich alles noch nicht gesehen habe und wo ich noch unbedingt hin muss. ☺

Also morgen geht's ab nach Kalifornien a.k.a. *Cali*. ☺ Diese Westküsten-Rundreise vom 5. bis 12. Mai werde ich zusammen mit Verena machen. *San Francisco*, *Los Angeles* und dann noch *Las Vegas*. Hach ja, ich muss GANZ viele Fotos machen, ich weiß. Zu diesem Zweck habe ich mir schon extra von Jessi eine zweite 1 GB Speicherkarte für meine Kamera ausgeliehen. Fotos bis zum Umfallen.[101] *thumbs up* *lach*

Am Montag, 14. Mai, werde ich mit nach Jamestown, Virginia fahren. Bei dem Ausflug handelt es sich um einen *field trip*, also ein Klassenausflug, mit Michelles Klasse. Meine Gastmama bezahlt mein Ticket und ich fahre als

---

[101] 15 Jahre später muss ich über die Tatsache, dass ich mit einer zweiten 1 GB Speicherkarte „*Fotos bis zum Umfallen*" machen wollte, sehr schmunzeln. Wie schnell sich die Technik doch weiterentwickelt hat. Die Fotos heute sind bestimmt um Welten qualitativ hochwertiger. Aber es ging damals auch alles und eine 1 GB Speicherkarte bot so unfassbar viel Platz. Damit komme ich heute keine zwei Wochen mehr hin. ;)

Betreuer mit. Anne meinte, es wird schon nicht so schlimm. Also nehme ich sogar eine Horde Schulkinder in Kauf. Diese Stadt ist für die amerikanische „Geschichte"[102] von großer Bedeutung. Immerhin soll es eine der ersten US-amerikanischen Städte sein. Die Gründung Jamestowns wird dieses Jahr zum 400. Mal gefeiert und somit auch die Gründung Amerikas, wenn ich das richtig verstanden habe. Soweit so gut.

Vom 17. bis 24. Mai fliege ich mit Anna nach Florida. *freu* Erstmal gehen wir vom 17. bis 22. Mai nach *Disney World*, Orlando und dann

---

[102] Meine Gastmama und ich haben uns irgendwann – ähnlich wie bei „*American close*" auf „*European old*" (also alt im europäischen Sinne) und „*American old*" (also alt im amerikanischen Sinne) geeinigt. Ich bekam oft einen Lachanfall, wenn sie mir mit amerikanischen geschicht-lichen Sehenswürdigkeiten von etwa 200 Jahren kam.

verbringen wir die restlichen Tage noch in Miami Beach. ☺ Und am Rande bemerkt: NEIN, ich bin nicht zu alt um Mickey Maus zu sehen. Aber JA, ich habe anscheinend zu viel Geld. ;)

Vom 26. bis zum 28. Mai, also über das *Memorial Day Weekend*, fahr' ich mit Jessi noch runter nach *Virginia Beach*. ☺ Meine Gastmama hat mir sogar erlaubt mit „meinem" Auto hinzufahren, ist das nicht lieb?

Vom 1. bis zum 3. Juni fahren wir zu den Niagarafällen. ☺ Sogar auf die KANADISCHE Seite. Das ist sooooo toll. Hoffe ich zumindest. ;) Ach ja, da kommen Jessi, Lia und Sofia – alle aus meinem Cluster – mit. Genauer gesagt fahren wir Freitag früh 7 Uhr mit dem Bus in Washington DC los. Wird bestimmt erstmal ein halbes Abenteuer bis wir dort ankommen. ;)

So *last but not least:* Chicago vom 16. bis 17. Juni mit Jessi. Was da genau ansteht, weiß ich noch nicht, aber das wird sich schon noch herausstellen. Ein bisschen Zeit haben wir ja noch bis dahin.

So, wenn ich jetzt noch wüsste, was ich das letzte Mal geschrieben habe, dann wäre ich für den Rückblick schon um einiges schlauer.

Ich fang' einfach mal am 9. April an: Eigentlich Ostermontag, aber da das hier kein Feiertag ist, war Anne ganz normal arbeiten und ich hatte zwei Kinder ganz für mich alleine – es waren ja noch Ferien. Immerhin erging es Jessi nicht besser, so dass wir uns kurzerhand zusammengeschlossen haben und bowlen gegangen sind. *thumbs up*

Am 14. April, das war ein Samstag, habe ich mich mit Jessi und Verena getroffen. Unter anderem habe ich mir neue Schuhe gekauft. *Stolz-guck* Da sind ganz viele Noten drauf. *freu* Dann waren wir noch bei „Chili's" essen. Mmmh.

Am Sonntag hatte Anne ein Vorstellungsgespräch. Sie hat zwar ihren Job, aber da sie auch noch in der *Army* ist, kann sie ein Wochenende pro Monat für die *Army* arbeiten und so zusätzlich Geld verdienen. *verwirrt-guck* So hatte ich schon wieder Kinder. ;) Da es regnete, haben wir das neu erlernte Fahrradfahren kurzerhand in die Garage verlegt. Michael hat den Dreh jetzt vollends raus. Zwischenzeitlich sind wir dann auch auf Inlineskates umgestiegen. Aber alles immer schön und vorschriftsmäßig mit Helm. ☺ 17 Uhr hatte ich dann eine Probe mit einem Holzbläserquintett. Die anderen vier spielen auch alle im Orchester. Wir haben uns in dieser Besetzung zusammengefunden, weil eine Anfrage für eine Veranstaltung kam und dann ging es quasi schon los. Das hat richtig Spaß gemacht.

Am 18. April habe ich vormittags und abends auf Bettis Kinder aufgepasst. Früh war es nur Alex und abends hatte ich die „komplette Bande". Es leben alle noch. *auf-die-Schulter-klopf*

Freitag hatte Betti einen Arzttermin und so habe ich noch mal Alleinunterhalter für ihren Jüngsten gespielt. ☺ Abends bin ich dann mit Betti und ihren Jungs zu einem Schulfest. Es war furchtbar viel los, Menschenmassen ohne Ende. *schrei*

Ach ja, ich hatte an diesem Tag auch noch einen Anruf von meinem Gastvater, dass er am Sonntag kommen wollte... aber ich sollte es keinem sagen, da es eine Überraschung sein sollte. Man man man.

Am Samstag sollten wir, also das Holzbläserquintett, eigentlich auf einer „*Kid's Expo*" spielen. Leider wurde daraus nichts, da die Oboe einfach nicht auftauchte. Ich schätze mal, sie hatte sich hoffnungslos verfahren. Super schade, das Programm war richtig schön und ich hatte mich sehr drauf gefreut. ☹ Im Übrigen hatte ich extra meine Gastfamilie mitgeschleppt.

Die Nacht habe ich dann bei Jessi verbracht. *gähn* Internet ist schon eine tolle Erfindung. Wir haben uns die halbe Nacht mit der Bullyparade bis 2 Uhr morgens um die Ohren geschlagen. „*Gustav, Gus-Gus-tav*"

Am Sonntag hatten wir ein Clustermeeting in Washington DC, bei dem ich mir erstmal einen ordentlichen Sonnenbrand zugezogen habe. ☹ Es war eine Art Schnipseljagd angesetzt. Also nicht nur wir waren da, sondern eigentlich alle AIFS[103]-Cluster rund um DC. Wir mussten unter anderem Fragen zu den Monumenten, Museen und anderen Touristenattraktionen beantworten. ☺

---

[103] AIFS war meine Agentur über die ich damals in die USA für mein Au Pair Jahr vermittelt wurde.

Von Sonntag bis Donnerstag war mein Gastvater da.

Am Montag habe ich eine Money-Order machen dürfen. Das bedeutet, dass ich Geld mehr oder weniger auf ein Zwischenkonto einzahle. Genauer gesagt, musste ich das machen, um meine Flugdaten bestätigen zu können.

*** Ich flieg' jetzt am 2. August 2007 zurück. ***

Dann war mein Auto noch in der Werkstatt. Ich bin jetzt glücklicher Besitzer neuer Bremsen für läppische USD 760 und noch ein paar Zerquetschte. Die alten Bremsen haben hemmungslos gequietscht. Das war schon richtig Angst einflößend. Vor diesem Hintergrund liebe ich förmlich meine neuen Bremsen. Und zum Glück musste ich die Rechnung nicht bezahlen. Abends waren wir dann noch alle zusammen bei „Pizzeria UNO" essen.[104]

Am Freitag, 27. April, waren wir im Zirkus. Fazit: Das war von der Grundidee nicht wirklich anders als in Deutschland: Clowns, Pferde, Hunde, Trapez und eine menschliche Kanonenkugel. Vormittags waren wir, also Jessi und ich, noch in der städtischen Bibliothek. Dort wurden aussortierte Bücher verkauft und ich habe jetzt auch endlich meinen eigenen Benutzerausweis![105] *Stolz-guck*

---

[104] Ich bekomme gerade den Eindruck, dass ich unheimlich oft essen war. Das war aber für dortige Verhältnisse überhaupt nicht der Fall. Meine Gastmama versuchte mit uns einmal die Woche essen zu gehen, normalerweise wurde immer – ganz untypisch für die USA – Zuhause und ziemlich frisch gekocht. Da meine Beiden (was schlussendlich auch irgendwie mir und meinem Selbstbewusstsein zu gute kam) lernen sollten, wie man sich in Restaurants benimmt, bestellt etc., waren wir in der Regel einmal die Woche zu viert essen. Viele der anderen Au Pairs sind deutlich häufiger – mit ihren Gastfamilien und auch alleine – essen gegangen. In Anbetracht der Tatsache, dass wir aber nur ein überschaubares Taschengeld bekamen, habe ich mich da eher selten angeschlossen.

[105] Bis zu dem Tag habe ich immer über den Benutzerausweis meiner Gastmama Bücher ausgeliehen. Wir waren so-

Am Samstag hatten wir dann ein Konzert mit dem Orchester, anlässlich des 400. Geburtstags von *Jamestown*. Ach übrigens ist momentan die Queen in Virginia. Da muss man erst nach Amerika um mit ihr auf demselben Festland zu sein.

Sonntag hatte der Kirchenchor ein Konzert bei dem Betti und ich nochmal mitspielen sollten. Anschließend waren Betti, ihre drei Jungs und ich gemeinsam mit Mei und Bill essen. Die zwei haben uns alle eingeladen. *freu* Ist das nicht lieb? ☺

Am 30. April, das war ein Montag, waren Jessi und ich unterwegs um ihren Kühlschrank aufzufüllen. Ihre Gastmama hatte keine Zeit einkaufen zu gehen, so haben wir das kurzerhand übernommen. Wir sind unglaublich unkoordiniert durch den Laden gewuselt. Immer auf der Suche nach irgendwelchen Sachen, die komischerweise jedesmal genau am anderen Ende waren... *glucks* Was soll ich sagen? Wir hatten unseren Spaß!

Am Dienstag waren Jessi und ich beim Friseur. Allerdings hatten wir uns dafür einen ungünstigen Tag ausgesucht. Ich bin dann irgendwann nach einer Stunde drangekommen. Aber Jessi leider nicht. Warum muss man sich denn auch unbedingt die Haare färben lassen? ;) Sie hat sich dann einen Termin für den nächsten Tag geben lassen und dann

---

weit nichts Außergewöhnliches anstand, einmal die Woche da und haben uns mit neuen Büchern eingedeckt. Bei uns wurde viel gelesen, dafür hatten wir – auch ganz untypisch – kaum den Fernseher an. Außerdem gab es ein Netflix-Abo, durch das (ganz *old school*) DVDs per Post zugeschickt wurden. Kabel hatten wir aber nicht. Ich habe es überlebt und was noch viel interessanter ist, wir handhaben es mittlerweile Zuhause auch nicht viel anders. ;)

sind wir wieder gegangen. Ich musste mit Michelle noch zum Kieferorthopäden. Erstaunlicherweise ist mindestens die halbe Belegschaft entweder Deutsch oder aber hat zumindest für mehrere Jahre in Deutschland gewohnt, so dass wir beim Gehen von mindestens vier Schwestern mit "*TSCHÜÜÜSS*" verabschiedet wurden. ☺

Am Mittwoch hatte ich Besuch von Nina aus DC. Ich habe sie in Springfield an der Metro abgeholt und wir sind dann in die „*Potomac Mills*" Mall „schlappen" gegangen. ☺ Immerhin hat sie eigentlich nicht wirklich häufig die Möglichkeit in eine Mall zu gehen. Also war's für sie eine willkommene Abwechslung.

Gestern war ich dann krank und Michelle auch, so dass wir eigentlich mehr oder weniger nichts gemacht haben außer vielleicht geschlafen. Michael hatten wir früh in die Schule gefahren. Ich bin dann, als wir wieder Zuhause ankamen, einfach wieder in mein Bett gegangen.

Und heute? Ich habe Wäsche gewaschen, gebügelt und gepackt... toll, nicht? Jetzt muss ich auch endlich los. Anne will uns aus dem Haus haben. Immerhin kommen ihre Eltern morgen aus Wisconsin eingeflogen um auszuhelfen, wenn ich im Urlaub bin und da ist sie gerade einem Putzanfall verfallen.

Also, ich wünsche euch allen ein schönes Wochenende, eine schöne Woche und mir viel Spaß in *California*!

Viele liebe Grüße aus Amerika,
Stefanie

Westküstenabenteuer

Allein in Amerika... (30) – 17. Mai

Liebe Leserinnen, liebe Leser!

Ich wollte mich eigentlich nur schnell bei euch melden und euch ein kurzes Lebenszeichen schicken. Ich bin wieder heil von meinem Westküstenabenteuer zurückgekommen. Natürlich habe ich unendlich viele Fotos gemacht, die sich nun auch schon alle fein säuberlich hochgeladen in meinem Fotoalbum, im „Mai"-Ordner, befinden. Da ich aber schon wieder fast aus dem Haus und in Richtung Florida unterwegs bin, werde ich mich kurz fassen.

Am 5. Mai ging es früh 6:30 Uhr los. Sobald Verena von ihrem Gastvater hier abgeliefert worden war, sind wir zum „*Ronald Reagan*"-Flughafen, eingecheckt und ab ging's erstmal nach *Denver*, Colorado. 14:10 Uhr Westküstenzeit sind wir dann in *San Francisco* gelandet. Die Westküste hängt der Ostküste nochmal drei Stunden hinterher, so dass ich mich diese Woche über neun Stunden später als ihr durch den Tag bewegt habe. Am ersten Tag sind wir ein bisschen durch *San Francisco* spaziert und haben unsere Zimmermitbewohner für die Tour Mina aus Schweden und Lena aus Spanien kennengelernt.

Am Sonntag haben wir eine Stadtrundfahrt gemacht. Nachdem wir uns alle Highlights der Stadt angesehen haben, unter anderem die *Golden Gate Bridge*, *Pier 39* (also den Hafen) und natürlich auch noch San Francisco von oben, haben wir uns einen *Daypass* (Tageskarte) für die öffentlichen

Verkehrsmittel geleistet. Unter anderem kann man da diese tollen und wahrscheinlich auch einzigartigen *cable cars* fahren. SCHÖN! ☺ Das haben wir dann natürlich auch zur Genüge getan. Einmal bis zum Hafen runter und dann wieder bis zur Endstation zurück. Natürlich haben wir uns auch noch auf die Suche nach Mitbringseln und anderen Sehenswürdigkeiten gemacht.

Am Montag hieß es dann mit aller Gewalt versuchen den Koffer wieder zu schließen. Das war gar nicht so einfach. Es ging Richtung *Los Angeles*. Mit dem Taxi sind wir zur Greyhound Station gefahren. Dann ging es mit dem Bus weiter, knappe neun Stunden. Endlich in L.A. angekommen, haben wir unser Zimmer in Hollywood bezogen und sind dann todmüde ins Bett gefallen.

Am Dienstag hatten wir erstmal ein Frühstück. *schwärm* Das war nur in diesem einen Hotel der Fall. Dann haben wir uns auf die Spuren der Stars gemacht und sind den „*Walk of Fame*" entlang gebummelt. Wir haben hier und da ein Foto gemacht und uns gewundert, wer eigentlich all die Menschen mit den Sternen sind. Ich habe doch tatsächlich meinen Stern gefunden. ☺ Anschließend sind wir in ein Wachsfiguren- und in ein Guiness-Museum gegangen. Schlussendlich hatten wir noch eine Stadtführung, die uns ein bisschen besser mit den *hollywood*'schen Wichtigkeiten vertraut machte. ☺

Der Mittwoch beschränkte sich dann nochmal auf „*self made Sightseeing-Tour*". Wir waren unter anderem am *Santa Monica Beach*, in *Beverly Hills* und dann auch noch Richtung „*Hollywood*"-Schild unterwegs.

Donnerstag ging es nach *Las Vegas* - auch bekannt als „*die Stadt, die niemals schläft*". So sagen das zumindest die Amis. Es war echt ziemlich faszinierend. ☺ Die ganzen Lichter, vor allem bei Nacht. Aber erstmal mussten wir dort ankommen... Das war gar nicht so einfach. Unsere Busfahrerin fuhr die Strecke leider zum ersten Mal und wir kamen erst mit zwei Stunden Verspätung an. Aber wie oft kommt man schon dorthin. Also haben wir aller Müdigkeit getrotzt und uns ins Nachtleben gewagt. Unter anderem haben wir eine Piratenshow gesehen und ich habe sage und schreibe einen USD 50,- Schein auf der Straße gefunden. Wie krass!

Laut meiner Gastmama bin ich wahrscheinlich die einzige Person, die jemals Las Vegas mit mehr Geld verlassen hat, als sie gekommen ist. ;)

Der Freitag war dann mehr oder weniger zur freien Verfügung, da wir die Grand Canyon Tour nicht mit gebucht hatten. Also sind wir durch Las Vegas gezogen und haben mal wieder nach Souvenirs Ausschau gehalten. Wir haben dann noch Tickets für Madame Tussaud's, also schon wieder ein Wachsfigurenkabinett und für eine Las Vegas Show „*The Legends*" gekauft. Das war nicht gerade geschenkt, aber wie gesagt, wie oft ist man schon dort. Jedenfalls haben wir so auch noch was ziemlich einzigartiges erlebt.

Am nächsten Morgen wurden wir 4:30 Uhr von einem Shuttle-Bus abgeholt. Dann saßen wir auch schon im Flieger und es ging wieder zurück nach einem verlängerten Zwischenstopp in Atlanta.

So, meine Lieben, ich muss jetzt los... Florida ruft.

Viele liebe Grüße und bis bald,
Stefanie

Reisen, Reisen, Reisen

Allein in Amerika... (31) – 10. Juli

Liebe Leserinnen und liebe Leser!

Es ist schon wieder soooooo lange her, dass ich mich das letzte Mal gemeldet habe. Ich weiß, aber heute hat mich nicht nur das schlechte Gewissen gepackt, sondern auch noch eine mittlerweile entwickelte Theorie an den Computer geführt. ☺

Aber erst einmal eine „kurze" (ich gebe mir echt Mühe, aber ich schweife immer vom Thema ab SORRY!) Zusammenfassung der letzten Wochen. Die letzte Mail habe ich noch im Mai geschrieben. Ach herrje. In der Zwischenzeit ist soooooo viel passiert. *grübel*

Zuerst einmal bin ich mit Anna vom 17. bis 24. Mai nach Florida geflogen. Vier Tage Orlando, *Disney World* und anschließend noch zwei in Miami. Ich habe Mickey Mouse gesehen. ☺ *freu* *rumhüpf* Und sogar ein Bild bekommen.

Das war so cool. Eigentlich sollte man ja meinen, dass es sich dabei um eine Art Kinder-Unterhaltungs- und Eltern-Entlastungs-Erfindung handelt, aber das ist meiner Meinung nach weit gefehlt. Es gibt natürlich die „Kleinkinderattraktionen", aber darüber hinaus auch die einmalig, phänomenalen Achterbahnen! Wir hatten so viel Spaß! Meistens waren wir den Tag über damit beschäftigt von einem Ende des Parks zum anderen und wieder zurück zu laufen. ☺ Gefühlt total planlos, aber immer den besten Achterbahnen auf den Fersen. *Disney World*, Florida besteht übrigens aus vier einzelnen Parks. In jedem haben wir einen vollen Tag verbracht. Stress pur! ;) Morgens um 8 Uhr sind wir aus dem Bett gefallen und dann mindestens 12 Stunden im Park rumgerannt. Schließlich muss man ja auch alles ausnutzen bei den Preisen. Abends gab es immer ein unglaubliches Feuerwerk und dann sind wir irgendwann wieder im Bus Richtung Hotel gefahren, ins Bett gefallen und es ging wieder von vorne los. Anna und ich haben übrigens einen Deal: In 50 Jahren machen wir das wieder a.k.a. *„Mit 70 rocken wir Disney World.“*

Dann ging's weiter nach Miami. Es war ein bisschen windig, aber gut. Natürlich sind von meinem Florida-Abenteuer Bilderchen in meinem Fotoalbum. Also, einfach mal vorbeischauen. Im Übrigen waren meine Drei froh als ich wieder da war. ☺

Vom 26. bis 28. Mai waren Jessi und ich dann mit meinem Auto in Virginia Beach. Die Tour wird uns bestimmt für immer in Erinnerung bleiben. Auf der Suche nach einem Pizzaladen sind wir gefühlt halb Amerika abgelaufen um dann nach den ersten spürbaren Blasen zu beschließen, dass wir ganz amerikanisch das Auto nehmen. Weise Entscheidung... diese Pizzeria war selbst mit Auto noch sehr weit weg.

Vom 1. bis 3. Juni waren wir dann auf der kanadischen Seite der Niagara Fälle. Wir, das waren Jessi, Lia, Viktoria und noch gaaaanz viele andere Au Pairs, vorrangig deutsche. Schlimm, so konnte man sich gar nicht ungestört unterhalten. ;)

Am 2. Juni kam auch schon Piia. Sie ist das Au Pair der Familie des Bruders meiner Gastmama. Alles klar? Sie hatte ich im August bereits in Wisconsin kennengelernt. Jedenfalls hat sie eine Woche Urlaub bei uns verbracht. So waren wir eigentlich mehr oder weniger jeden Tag in Washington DC unterwegs. Unter anderem waren wir im Zoo, auf dem Turm des *Old Post Office* und im *Spy Museum*. Natürlich hatten wir in der Zeit auch noch eines unserer berühmten Clustermeetings zu dem ich Piia auch noch eiskalt mitgeschleppt habe.

Freitag, 8. Juni, war der letzte Schultag meiner Beiden und Samstagabend hatten wir ein Konzert mit dem Orchester.

Die nächste Woche hatten meine Beiden komplett frei und wir waren Zuhause. *schrei* Eine ganze Woche. Tja, da war Kreativität gefragt. Wir waren also im Zoo und dann hat sich meine Gastmama einen Tag frei genommen. Wir sind alle zusammen am Donnerstag nach *Kings Dominion*, einem Freizeitpark hier in Virginia, gefahren. Schon wieder Achterbahnen! ☺ *Yeah*.

Über das Wochenende (16. bis 17. Juni) waren Jessi und ich in Chicago. Die *windy city*, die windische Stadt, hat ihrem Namen alle Ehre gemacht. Wir haben in einem Hostel übernachtet und uns die Attraktionen meist zu Fuß angesehen. Ganz glatt ging auch diese Tour nicht von statten, unser Rückflug hatte über eine Stunde Verspätung. Ein bisschen blöd, da wir ihn regulär schon auf 23 Uhr gebucht hatten. *Whatever*. Alles überlebt. Immerhin kann ich jetzt sagen, dass ich in Chicago war. ☺

Ansonsten? Naja, also Pool, Pool und Pool.

Dann war ich mit Jessi noch mal in *Kings Dominion*. Sie wollte da auch unbedingt hin. Wahrscheinlich habe ich so von den ganzen Freizeitparks und Achterbahnen geschwärmt, in denen ich in der letzten Zeit war... ☺ Der Ausflug war auch alles richtig super, zumindest bis es mir so unglaublich schlecht ging. *schnief* Boah, ging es mir schlecht. ☹ In dem Moment hätte ich schwören können, dass ich nie wieder in meinem Leben einen Freizeitpark oder gar eine Achterbahn betrete. Der Vorsatz hielt aber nur genauso lange an bis ich mich wieder gefasst hatte. Dann ging's natürlich weiter.

Am Sonntag waren wir Bowling spielen und anschließend habe ich Mei, das ist die Organistin in der Kirche, und Bill, ihren Mann, zum Flughafen gefahren. Ja, und dann habe ich angefangen den ersten Koffer zu packen. Betti hat mir angeboten, dass sie einen meiner Koffer bei ihrem Heimatbesuch erstmal mit nach Deutschland nehmen könnte. *Yes*! Dann habe ich zwar immer noch das Problem wie ich den von Heidelberg nach Hause bekomme, aber immerhin befindet er sich dann schon mal auf europäischem, ja sogar deutschem Boden.[106] ☺ *Oh yeah*! Da allerdings eine meiner Tasche auf dem Hinflug kaputt gegangen ist und ich nun meinen noch ganzen Koffer Betti mitgeben werde, muss ich mir wohl oder übel noch zwei neue kaufen. Aber es gibt schlimmeres. Beispielsweise könnte ich auch versuchen alles zu schicken und dann würde ich mich ja wohl wirklich dumm und dämlich zahlen. ;)

So, und nun zu meiner Theorie. Ich glaube, ich habe eindeutig zu viel Zeit, wenn ich am Pool sitze. Also, wie ihr sicherlich alle wisst *Wink-mit-dem-Zaunspfahl*, hat Stefanie – rein theoretisch betrachtet – am Donnerstag Geburtstag. Da ich aber 2:59 Uhr mitteleuropäischer Zeit geboren bin, könnte man mit der ganzen Zeitverschiebung ja davon ausgehen, dass ich rein theoretisch schon einen Tag eher Geburtstag habe. Immerhin war das hier damals, also abzüglich der sechs Stunden Zeitverschiebung, noch der Vorabend. So viel zu meiner Theorie. Wir fahren übrigens am Freitag nach Williamsburg in einen anderen Freizeitpark – *Busch Gardens EUROPE*.[107] Das Geburtstagsgeschenk meiner Gastfamilie für mich. Ist das nicht total lieb? Ich finde die Idee sooooooo *cute*. Es ist immer wieder schön zu beobachten, wie meine Gastfamilie

---

[106] Im Endeffekt hat mir Betti den Koffer via Post zu meinen Eltern geschickt. Mega genial. Ich weiß gar nicht, wie ich mein ganzes Zeug sonst nach Hause hätte bekommen sollen. Tausend Dank nochmal, meine Liebe! ☺

[107] Dieser Freizeitpark soll Europa nachgestaltet sein, deshalb „*Europe*". Meine Gastmama fand die Idee, dass wir in Deutschland zu Mittag essen als Geburtstagsgeschenk sehr passend. ☺

versucht, alles so „heimisch" wie möglich für mich zu machen.

So, morgen gehen Jessi und ich in den neuen Harry Potter Film und dann am Donnerstag *schnief* geh' ich schon unaufhaltsam auf die 30 zu. Oh man. Wie krass ist das denn bitte? Naja, *whatever*.

Ich wünsche euch noch einen wunderschönen Tag. Wenn ich jetzt meine Mama wäre, könnte ich euch sogar sagen, wie viele Tage es noch sind bis ich wieder Zuhause bin. Aber das weiß ich jetzt leider nicht. *grübel* Aber weniger als vier Wochen.

Viele liebe Grüße immer noch vom anderen Ende der Welt,
Stefanie

P.S.: Meine Flugdaten:

2. August 2007 Washington DC 16:20 Uhr
über Frankfurt
3. August 2007 Leipzig 08:50 Uhr

Wir nähern uns dem Ende & Happy Birthday

Allein in Amerika... (32) – 27. Juli

Hallo, hallo, hallooooo!

Erst einmal wollte ich mich natürlich noch gaaaaaaaaaaaaaaanz doll für all' die lieben Geburtstagsglückwünsche in jeglicher Form bedanken! DANKE! Ich habe mich sooooo sehr darüber gefreut! Ich habe, glaube ich, noch nie so viele Karten, Briefe, E-Mails etc. bekommen. *immernoch-durch-die-Gegend-hüpf*

Am 11. Juli, einem Mittwoch, waren Jessi und ich im Kino – am ersten Tag des neuen Harry Potter Films. Wir waren auch nur eine Stunde oder so eher da und haben doch tatsächlich „unseren" Platz, ganz hinten in der Mitte, errungen. *Yes*! Ich gebe zu bedenken, dass alle Karten Tage vorher ausverkauft waren.

An meinem Geburtstag selbst bin ich dann, wie eigentlich immer morgens, total verpeilt in die Küche gestolpert. Da waren dann auch schon Luftballons an meinem Stuhl und auf dem Tisch und ein „*Happy Birthday*"-Schild an der Wand. *freu* Das war am Abend vorher noch nicht da. Dafür ist meine Gastmama also noch mal eher (als die „normale" 4:30 Uhr Zeit) aufgestanden.

Nachdem ich meine Beiden ins Camp gebracht hatte, bin ich zu Betti gefahren, da sie mich zum Geburtstags-Frühstück eingeladen hat. *freu* Ich habe meine Geschenke mit Alex tatkräftiger Unterstützung ausgepackt. Dann saßen wir alle am Tisch und haben Donuts und andere typische amerikanische Sachen gegessen. Wir, dass waren Betti, ihre drei Jungs und ihre Zwillingsschwester Bine nebst zwei Kindern. Ich freu' mich immer noch soooooo darüber! Danke, ihr Lieben! Abends Zuhause gab es dann einen Kuchen mit vier Kerzen. Die konnte ich auch noch alle bezwingen. Außerdem habe ich von meiner Gastfamilie eine neue Reisetasche bekommen. *freu* Die eine ist doch kaputt gegangen und da ich Betti schon einen Koffer mitgegeben habe, war das eine ausgesprochen tolle Idee! ☺ Dann ging's auch schon zum Orchester. Nach dem Stimmen musste komischer Weise noch mal nachgestimmt werden... in „D". Sie haben spontan (m)ein „*Happy Birthday*" angestimmt! *strahl* Nach der Probe musste ich dann noch einmal Kerzen auspusten. Diesmal waren es 20 auf einem sooooo genialen Kuchen. Fast hätte ich es auch auf Anhieb geschafft. ;)

Am Freitag sind wir dann nach Williamsburg gefahren, nach *Busch Gardens Europe*. Das Geburtstagsgeschenk meiner Gastfamilie: Achterbahnfahren bis zum Umfallen! *rumhüpf* Der Witz an unserem Besuch: Militärfamilien dürfen einmal im Jahr kostenlos in diesen Freizeitpark. Allerdings „Militärfamilien"?! Da zähl' ich ja nun nicht unbedingt drunter…? Die Frau am Ticketschalter hat dann jedenfalls meiner Gastmama vier Militär-Tickets in die Hand gedrückt und auf die Frage was passiert, wenn ich keinen Militärausweis vorzeigen könnte, meinte sie nur, dass sie das auch nicht wüsste. Muss man ja auch nicht. Zum Glück wollte den keiner sehen, somit wurden doch dann gleich mal an die USD 50,- gespart. Krasse Sache. Ich bin natürlich in der Zwischenzeit fast vor Aufregung gestorben, aber das sei nur am Rande erwähnt. Der Freizeitpark selber soll quasi Europa darstellen. Gefühlt sind alle Länder vertreten, so dass man eine schnelle Europareise erleben kann. Wir waren dann zum Mittagessen in „Deutschland". Ich habe immer fleißig so getan, dass es „wie Zuhause" ist. Dann hatten sie dort auch noch ein Oktoberfest. Das war echt lustig. Allerdings werden gerade so Klischees bedient und Vorurteile geschürt, dass genau DAS Deutschland ist. „Typisch deutsch" in den Augen meiner lieben Mit-Amis halt. Jedenfalls doof, dass ich ausgerechnet an dem Tag mein Dirndl nicht anhatte… *Ironie-aus*

Ansonsten habe ich dann gepackt. Es ist schon erstaunlich, was sich so alles in einem Jahr ansammeln kann. Ich habe meinen Koffer erstmal vollgestopft und da passt definitiv noch was rein. Die Ecken bieten definitiv noch Potential.

Ich habe den ersten Koffer nun schon am Samstag zu Betti gebracht. Nach der vierten Verabschiedungsrunde bin ich dann auch irgendwann irgendwie in mein Auto und wieder zu uns gefahren. Krass, krass, krass. Das Ende rückt näher.

Am Sonntag, 15. Juli, hatten wir ein Clustermeeting. Kanufahren war angesagt. Nach kleineren Schwierigkeiten, die anderen zu finden, war es eigentlich auch ziemlich lustig! Wir saßen zu zweit im Boot und es war eine willkommene Abwechslung zum Alltag. Ich habe mich auch an meine Anfänge hier – damals mit Elli und Annie – erinnert. Das ist fast schon wieder ein Jahr her?!

Wir sind jedenfalls trocken geblieben und nicht ins Wasser gefallen. Auch sonst haben wir uns, finde ich, ganz gut gehalten! Nicht wahr, Jessi? Da wir anscheinend ziemlich schnell waren, hatten wir auch noch Zeit uns eine Tropfsteinhöhle auf dem Rückweg anzusehen. Stand auch noch auf der Liste. *lach*

Die Woche über waren wir dann beim Bowlen und natürlich ständig am und im Pool.

Abends waren Jessi und ich auch noch zwei Mal in der Mall. Wir haben uns dann beide einen *„Build a Bear"* gebastelt – Jason (Jessi) und Felix.[108]

Dann habe ich mir einen neuen „Jansport"-Rucksack gekauft – mit dem USD 50,- Schein, den

---

[108] Felix gibt es natürlich immer noch. Er ist mittlerweile fester Bestandteil der Kuscheltierbande meiner Kinder.

ich damals in *Las Vegas* gefunden hatte. Der war also echt! ☺ Am Freitag wollten wir beide noch zur „Harry Potter"-Nacht, die in der Mall in einem Buchladen angekündigt wurde. Allerdings war da einfach nichts los. Schade. ☹

Am Samstagmorgen war Anne zu einer Hochzeit. Ja und wir drei? Mmh… ich wollte unbedingt nochmal in eine andere, kleinere städtische Bibliothek. In der „großen" war irgendwie kein 6. Harry Potter Band aufzutreiben. Wir sind also dann dahin und die hatten das Buch doch wirklich! *Yeah*! *freu* Beim Auschecken meinte die nette Dame dann noch, dass sie auch noch einen Harry Potter Band 7 da hätten. *Whaaaaaaat*?! Den nehm' ich dann auch mal noch mit. *ganz-lässig* Ich bin mir nicht sicher, ob ich schon mal so schnell ein Buch gelesen habe.

Dann waren Jessi und ich noch in einer anderen Mall auf der Suche nach „ihrem Kleid". Mmmmh, das gab's aber nicht mehr. Blöd gelaufen. Auf dem Rückweg wurden wir mal wieder von den Insassen eines lustigen Autos angelächelt oder auch noch gefühlt verfolgt. Vollends abgeschüttelt hatten wir sie endlich, als wir im „*Japanese Steak House*" essen waren. Dort wurde das Essen direkt am Tisch gebrutzelt. Super lecker und eine super spannende „*Show*".

Sonntag war ich dann in der Kirche und habe eine Einladung für Montagabend von Mei und Bill bekommen. Montag stand ich pünktlich 19 Uhr bei Mei und Bill vor der Tür. Nachdem ich mir den neuen Wintergarten angesehen hatte, sind wir losgefahren. Auf dem Weg fragte Mei, ob ich denn nun schon mittlerweile einen neuen Koffer hätte. Na, einen hatte ich ja schon, aber einen brauchte ich noch. Also sind wir dann vor dem Essen noch in einen „Großmarkt" gefahren. Im Endeffekt haben sie ein vier-teiliges Kofferset gekauft. Die beiden haben zwei davon behalten und mir den größten sowie einen kleinen fürs Handgepäck geschenkt! Ich wusste gar nicht, was ich sagen sollte. *Kopf-schüttel* Warum gibt's denn bitte so furchtbar nette Menschen? Dann waren wir auch noch im „Chinese Buffet" essen. Erstaunlich was wir da mal wieder so alles gegessen und probiert haben: Krabbe, Schrimps in jeglichen Formen, Sushi, Austern… Die beiden haben immer wieder neues Zeug angeschleppt. Kleiner Tipp nebenbei, falls ihr mal eine Auster essen solltet, dann esst sie ganz. NICHT abbeißen und reingucken. *schüttel*

Ansonsten… mmmmh die beiden werden mir dann noch eine „Bescheinigung" ausstellen, dass ich immer fleißig in der Kirche gespielt habe. Vielleicht kann ich die ja mal später gebrauchen.

Noch eine Woche. Eigentlich sind es mittlerweile nur noch sechs Tage und ein paar Stunden bis ich im Flugzeug sitze. Ein total komisches Gefühl, aber naja LIFE GOES ON[109]! Ob ich will oder nicht. Also wollen wir mal lieber. ;)

Am Samstag fahr' ich mit Jessi und ihren Eltern, die seit Montag da sind, ein letztes Mal nach Washington DC.

Viele liebe Grüße vom anderen Ende der Welt, Stefanie

---

[109] „Das Leben geht weiter."

Alles hat ein Ende

Allein in Amerika... (33) – 3. September

Hallo alle zusammen!

Eins kann ich mittlerweile mit großer Gewissheit sagen, die Zeit kann einen schon ganz schön verwirren! Mal „bewegt" sie sich gefühlt überhaupt nicht und dann rennt sie, als müsste sie einen neuen Weltrekord aufstellen. Das versteh' mal einer. Ist es nicht erstaunlich, dass schöne Dinge immer soooooo schnell vorbei sind? Und dann wiederum bleiben einem anscheinend unangenehme Dinge deutlich länger erhalten?

Jedenfalls werde ich mich jetzt mal aufraffen und euch wahrscheinlich meine letzte Rundmail schreiben.

Ich bin am 2. August 2007 16:20 Uhr amerikanische Ortszeit los geflogen. Aber bis dahin war es erstmal ein totales Gefühlschaos auf allen Seiten.

Michelle ist bereits am Montag ins Ferienlager gefahren, so dass wir zwei uns am Sonntag einen schönen Nachmittag gemacht haben. Wir sind ein bisschen in der Mall „rumgeschlappt" und hatten viel Spaß dabei in Krimskrams-Läden rumzustöbern, lustigen Schmuck zu begutachten, Sonnenbrillen auszuprobieren und Eis zu essen. *

Es war wirklich schön und so überhaupt nicht wie Abschied. Ich hatte schon die ganze Zeit hin und her überlegt, was ich meinen beiden als Erinnerung schenken könnte. Ich bin dann durch Zufall in einem „Krimskrams-Laden" auf ganz schöne Decken gestoßen. Davon habe ich zwei gekauft. Dann habe ich ungefähr meine ganze, noch vorhandene Kreativität in meine Abschiedsgeschenke gesteckt. ☺ Ich kann sogar noch mit Nadel und Faden umgehen. Das hätte ich nicht unbedingt für möglich gehalten. Jedenfalls habe ich auch noch zwei T-Shirts kreiert – eins für meine Gastmama und eins für Jessi. Es haben sich auch alle vier ganz brav drüber gefreut! *grins*

Montag früh musste ich mich dann also von Michelle verabschieden. Ehrlich gesagt war mir das überhaupt nicht klar. Ich mein', HALLO? Natürlich sehen wir uns ganz bald wieder. Sie fährt ja nur ins Ferienlager. Also theoretisch. Aber ich flieg' zurück nach Deutschland. Das habe ich absolut nicht realisiert. Michelle war total durcheinander und ich der felsenfesten Überzeugung, dass wir uns nach dem Camp wiedersehen... oder wohl eher auch einfach nur durcheinander. Ich hatte dann Michael im Auto und wir sind Anne und Michelle noch ein Stück hinterher gefahren auf dem Weg ins Camp. Anne meinte, als Michelle realisiert hatte, dass wir abgebogen waren, war's um ihre so tapfer aufrecht erhaltene Fassung geschehen. *That's life.*[110] (Aber um alle zu beruhigen, sie hatte ganz viel Spaß in ihrem Camp!)

Nachdem Michelle im Camp war, habe ich auch angefangen langsam aber sicher meine noch verbliebenen Habseligkeiten in den Köfferchen zu verstauen. Ein krasses Gefühl irgendwie. So endgültig. Keine Ahnung. Das... MEIN Zimmer wurde von Stunde zu Stunde ungemütlicher und ich irgendwie immer verwirrter. Bei dem einen oder anderen Ding kamen Erinnerungen hoch und das fühlte sich total eigenartig an. Nicht unbedingt schlimm, aber halt so komisch. Zuletzt war es einfach nur ganz ungemütlich. Wände kahl, volle Koffer, die letzten Überbleibsel meines *American life*.

Am Mittwoch sind wir dann noch mal Essen gegangen, zu *Olive Garden*. Mein erstes und letztes Restaurant während meines Jahres. Lecker. Wir hatten ganz viel Spaß. Wir haben uns an die Anfänge erinnert. Das war schon krass. Es war ja alles noch gar nicht soooo lange her. Was sich nicht alles in einem Jahr ereignet hat.

Am Donnerstag bin ich nochmal richtig panisch geworden. Laut Waage hatte ich zu viel in meinen Koffern. Und mein Handgepäck? Ach herrje, das war schon am Überquellen. Ich habe dann also nochmal

---

[110] *So ist das Leben.*

angefangen umzupacken. Total am Verzweifeln. Schrecklich. ☹

Aber erstmal musste ich mich ja noch von Michael verabschieden. Er schniefte wie keine Ahnung was und Tränen liefen ihm übers ganze Gesicht. Er meinte immer nur „*I am happy.*"[111] *schnief* „*I am happy.*" und zu mir (ich war zu dem Zeitpunkt nicht ganz so schlimm dran wie er, jedenfalls noch nicht *lach*) „*Stop crying!*"[112] Total niedlich. Anne, die den Tag von Zuhause aus arbeitete, hat ihn ins Camp gefahren. Dann kam erst meine richtige letzte Packkrise. Es ist schon erstaunlich was einem da noch so alles einfällt, obwohl eigentlich seit Tagen gepackt wird. Schrecklich. Ich bin die ganze Zeit nur durch das Haus gerannt auf der Suche nach noch so vielen Sachen. Nachdem ich mich mehr oder weniger erfolgreich durch mein Mittag gekämpft hatte (Bobo hatte an dem Tag ziemliches Glück eigentlich mehr oder weniger mein ganzes Mittagessen zu bekommen), kam Jessi.

Irgendwann war mir dann alles egal. Also, ob ich nun Übergewicht (naja nicht ich – mein Gepäck natürlich *lach*) hatte oder nicht. Irgendwie haben wir es doch dann auch tatsächlich geschafft die Koffer in den Van zu verfrachten. Wir waren natürlich viel zu früh dran als wir am Flughafen in DC ankamen. Das war ganz gut, weil wir erst zweimal um den Flughafen gefahren sind bis wir rausgefunden hatten, wo wir eigentlich hin mussten. (Eindeutig immer noch kein Orientierungssinn

---

[111] „*Ich bin fröhlich.*"

[112] „*Hör' auf zu weinen.*"

vorhanden.) Meine Koffer haben wir wieder irgendwie aus dem Auto raus geholt, ich habe eingecheckt – dabei hielt sich das Übergewicht meines Gepäcks in Grenzen und die nette Dame hat ein Auge zugedrückt – und dann standen wir mindestens eine Stunde vor der Absperrung durch die ich zu den Sicherheitskontrollen kam... Weiter konnten die beiden nicht mitkommen. Den Abschied haben wir immer weiter hinaus gezögert. Irgendwann standen wir dann doch in der Reihe und haben uns das letzte Mal verabschiedet. Meint da nicht so ein Flughafenmitarbeiter, dass man sich am Rand verabschieden soll? So ein Blödföhn. Ich habe dem dann erstmal total entnervt nahe gebracht, dass ich da schon eine Stunde rumgestanden habe. Also wirklich. Das war aber natürlich noch nicht alles. Ich hatte das große „Glück" in eine supertolle Sonder-Sicherheits-kontrolle zu kommen. *Awesome.*[113] *grummel* Erst habe ich alles brav auf's Band gehievt und so getan als wär' es federleicht. *seriösen-Blick-aufsetz* Dann habe ich meine Schuhe ausgezogen und mir wurde gesagt, ich sollte sie wieder anziehen bis ich durchs Piepsding durch bin und dann durfte ich die wieder vor geben, damit sie auf's Band kamen. *What*?! Sicher? Danke auch! Anschließend durfte ich in einem Glaskasten stehen bis mich eine lustige

---

[113] Grund der ganzen Veranstaltung war wahrscheinlich, dass ich ein *one way*, also ein einfaches, Ticket ohne Rück-flug hatte. Es musste ja schließlich einen Grund haben, warum ich kein normales Hin- und Rückticket hatte, wie es jeder ordentliche Tourist oder Einheimischer o-der was auch immer hat. Ich hatte mich also quasi ext-rem verdächtig gemacht?

andere Flughafenmitarbeiterin aufrief. Ich bin ihr also hinterher. Sie hat mein Handgepäck genommen und dann, ich schätze mal, alles auf Rauschgift getestet? Ich stand da jedenfalls schön schniefend neben ihr, aber das hat sie komplett ignoriert. Dafür haben einige ihrer männlichen Kollegen mich ziemlich bedauernd angesehen. Zumindest was. ;) Ich habe es dann irgendwann aufgegeben. Das brachte irgendwie nichts. Nachdem ich die Sicherheitszone hinter mir gelassen hatte, saß ich eigentlich auch schon so gut wie im Flieger. Die Zeit verging auch irgendwie. Ich hatte noch vier Briefe zu lesen einen von Jessi, einen von Michael, einen von Michelle und einen von Anne. Ich war aber nicht in der Lage alle auf einmal zu lesen. Ich habe mich nach jedem einzelnen erstmal „erholen" müssen. Ich bin ständig in Tränen ausgebrochen. Das hat mich alles ganz schön mitgenommen. Jedenfalls wurde ich im Flugzeug total bedauernd angesehen, so verheult wie ich aussah.

Ich hatte übrigens einen zweier Fensterplatz, also auch den Nebenplatz, ganz für mich alleine! *freu* Das Flugpersonal war auch super nett und es war total witzig diesen deutschen Akzent zu hören, wenn sie Englisch sprachen. *grins* Ich korrigiere mich, es war richtig lustig, da es nach einem Jahr mit englischen Muttersprachlern so ungewohnt für mich war. Natürlich gab es auch etwas zu essen. Das Abendessen war für mich auch noch logisch einzuordnen, aber beim Frühstück hat's dann aufgehört. Es war so gegen 4:30 Uhr deutsche und 22:30 Uhr amerikanische Zeit. Wer bitte denkt sich denn sowas aus?

Wir sind dann früh gegen 7 Uhr in Frankfurt am Main gelandet und in einer ganz kleinen Maschine weiter nach Leipzig geflogen. Schlussendich war ich kurz vor 9 Uhr da und keine 15 Minuten später wurde ich mit Gepäck und allem drum und dran wieder auf die deutsche Menschheit losgelassen. Meine Eltern und mein jüngerer Bruder haben mich abgeholt. Damit war mein amerikanisches Abenteuer zu Ende.

Mittlerweile habe ich mich auch „schon" wieder an die Zeitumstellung gewöhnt, was aber nicht so einfach war. Sechs Stunden können schon ziemlich lang sein. Wie dem auch sei. Ich habe schon wieder ganz viele liebe Leute gesehen und mich echt gefreut. Am Anfang war es einfach nur sehr eigenartig. Ich meine, du hast das Gefühl, dass sich nicht wirklich viel verändert hat, aber du bist trotzdem irgendwie noch nicht wieder da. Natürlich kommt dann noch erschwerend hinzu, dass du scheinbar nie wirklich in Amerika warst, denn das ist gefühlt so unrealistisch und weit weg. Das ist schwer zu beschreiben und ich glaube auch, dass das nur Leute verstehen, die dasselbe durchgemacht haben. Ich habe sozusagen in meiner eigenen kleinen Welt gelebt und lebe vielleicht immer noch da. Aber ich bin mittlerweile auch wieder angekommen in meinem alten, neuen Leben.

So sieht es aus. Amerika, das Land der unbegrenzten (UN)Möglichkeiten. Einfach nur krass. So schnell ist die Zeit vergangen. Es war schön, natürlich mit Höhen und Tiefen, aber die gehören alle dazu. Ich bin so froh, dass ich mich in mein persönliches Abenteuer gestürzt habe. Ich habe so viele nette Menschen kennengelernt, so viel gesehen und erlebt. Und ich bin schon ein bisschen stolz, dass ich mich da durchgekämpft habe. ;)

Also dann, ich hoffe wir lesen uns.
Viele liebe Grüße, Stefanie ☺

Nachwort

Ihr Lieben,

lassen wir das Abenteuer so enden, wie es angefangen hat mit ein paar Zeilen meiner Gastmama:

As I write this, it's been 15 years since Stefanie joined our family. She's been a part of it ever since.

It is fun, and enlightening, to read her reflections at this point in time. So much has changed since she was 19 and "our" kids were nine and seven years old.

We've all been back and forth across the ocean to visit each other regularly. We were at her wedding, which was held in German and English to embrace the bond our families have. We got to hold her first child months after he was born. Pandemic is the only thing that has managed to put a temporary halt to our trips, and we look forward to being able to visit again.

This whole relationship was directed by a God who has a sense of humor and who knew that we were all perfect for each other in that specific space in time.

While much has changed, many things remain constant. Seeking adventure is good for the soul. Stepping out of comfort zones is necessary for growth. Some things are hard, and that's a good thing. Hard things teach us to think in new ways. Stefanie's nature is that of a person who resists change, but she is constantly pushing through that to grow in new ways. I love this about her. One of the letters of recommendation we received in the au pair file was from someone who didn't believe Stefanie would actually leave Germany to come to America. But she did. And I am grateful. We all are.

Seek your own adventures. Embrace the hard things. That's where the real joy lives.

-Anne

Zeitfracht Medien GmbH
Ferdinand-Jühlke-Štraße 7
99095 Erfurt, Deutschland
produktsicherheit@kolibri360.de